トップ販売員が使っている売れる販売心理術

有村 友見
著

〈完全版〉

はじめに　～10人の特別なファンをつくる～

この本は、「販売の場でお客さまの心をつかみ売れる販売員になる」ための心理術について学べる本です。

現在、私は行動心理学を使った「人の心の分析家」として、テレビ出演や雑誌取材、販売員の皆さまへの教育の場をたくさん頂くようになりました。そしてこうして本を書く機会を頂いています。

しかし、私がお店で働いていたときは、「スタッフへの教え方がわからない……」、「売れない……」、とバックヤードで頭を抱えているダメダメ店長でした。あのころの私が見たら、「何が起きたの!?」と驚きの声を上げることでしょう。

そんな私がトップ販売員へと変わったきっかけは、他でもない、本書に記載している「販売心理術」を使って、特別なファンができたことです。

「なぜ、あのとき、あのお客さまは急に帰ってしまったのか」

「なぜ、売ろうとするほど、売れなくなるのか」

今まで「なんとなく」感じとっていたお客さまの気持ちを、「心理学」という切り口をもつことで、クリアに理解できるようになりました。

そうして得たファンの方たちが、たくさんのお客さまをご紹介くださいました。1人のお客さまの向こう側には200人のお客さまがいる、と言われます。10人のファンができたら、2000人のお客さまと出会っていることにつながるのです。

「そうは言っても、お客さまとそんな関係になるなんて無理!」と思われるかもしれません。でも、実際にそういう販売員の方がたくさんいらっしゃるのです。そしてその方たちは皆、「トップ販売員」と言われる方たちです。


販売という仕事は「ものを売る仕事」ではありません。その商品ができるまでに関わった開発者、デザイナー、生産者など、たくさんの方の想いを、お客さまにお届けする仕事です。販売員は、お客さまが商品の「ストーリー」を感じとることができるように、臨場感をもって五感に働きかける「演出家」であり「役者」だと私は思います。

商品を買うという1つひとつの出逢いに、映画や遊園地のような、ワクワクや喜びを提供できたら、売る側も買う側も人生がとてもハッピーになると思いませんか?

そのために、多くのトップ販売員が経験から身につけている「考え方」や「行動」を、実践しましょう。**本書では、すぐに使える実践的なスパイスを50種類選びました。**

心理学を使って、はじめて出会った目の前のお客さまを、短時間でどれだけ楽しませることができるか、ぜひ試してみてください。

すべてを使いこなす必要はありません。大切なのは全部を頑張ることよりも、あなたが「取り組んでみたい！」と思えることを1つずつ実践すること。その1つひとつが、あなた自身をトップ販売員へと導いてくれるはずです。

さあ、あなたとお客さまの心をつなぐ「販売心理術」の世界に踏み出してみましょう！

この本を読んでくださるあなたが、目の前のお客さまとの時間をときめく時間に変え、関わったお客さまが喜びを感じ、日本全国に幸せの輪が広がりますように。

そしてあなた自身が販売という仕事を最高に楽しみ、喜びにあふれる人生を歩めますように、心から願っています。

２０１７年1月　　有村友見

Chapter 1 マインド編

Chapter 2 アプローチ編

Chapter 3 接し方編

Chapter 4 トーク編

Chapter 5 クロージング編

Chapter 6 リピート編

Chapter 7 マーケティング編

編集協力　秋田英明
カバーデザイン　ＯＡＫ　小野光一

Chapter 1

マインド編

01 トップ販売員に共通する思い込みとは？「プラシーボ効果」

売れる人と売れない人の違いは一体何なのか。

私はトップ販売員の方々に、「すごく努力した話」や「どんなノウハウを使ったか」を聞きたくて、次のような質問をしたことがあります。

「あなたはなぜトップ販売員になれたのだと思いますか？」

すると、皆さんから必ずといって良いほど、こんなお返事が返ってきます。

「私は、お客さまに恵まれているだけです。運が良いのかもしれません」

このことから、「私はお客さまに恵まれている」「私は運がいい」と本気で思っていると、結果につながるのだと思いました。

これは、心理学でいえば、強い思い込みが効果として本当にあらわれるという「プラシーボ効果」（別名：思い込み効果）にあたります。医師からただのビタミン剤を「頭痛薬だ」と飲まされた患者の痛みが本当に和らいだという話はこの効果によるものです。

大手のホームセキュリティー会社で防犯システムの販売をする和田さんに冒頭の質問をしたときのことです。

３００人の販売員の中で1位をとり、最年少で支店長をつとめる彼女は、次のように答えてくれました。

有村「お客さまに恵まれているといっても、難しいお客さまもいらっしゃいませんか？」

和田「もちろん、会社で対応できない無理難題をおっしゃるお客さまもいます。ただ、『だから売れない』とは思わないです。そんなお客さまほど、対応力を見せることができるので、良い関係を築けるんです」

有村「素晴らしいですね」

和田「誰が超優良なお客さまになってくださるかなんて、誰にもわからないと思うのです。だからどんなお客さまにも頑張るだけなのです」

「誰が一番のお客さまになるかわからない」、という思い込みを強くもっているからこそ、すべてのお客さまに対して丁寧に接客できる。それがお客さまからの好評価や、新しいご紹介につながる、という好循環を生むわけです。

逆に、経験を積めば積むほど「負の思い込み」をもってしまうことがあります。

「この商品は高額なので、20代の方は購入されないだろう」

「こちらの商品は若い方向けなので、年配の方は興味を示さないだろう」

確かにこのような傾向はありますが、絶対に購入されないかどうかは誰にもわかりません。

私の知人の真木さんが、20万円のブランドバッグの購入を迷っており、ふと飼い犬の散歩の帰りに「やっぱり買おう!」と思い立ちました。

その勢いで、ノーメイク&ジャージ姿で検討していたブランド店に行ったところ、頭の先からつま先までじーっと見られ、その後、目もあわさずに乾いた声で「いらっしゃいませ」と言われてしまったそうです。

そのそっけない態度に腹を立てた真木さんは、そのお店での購入をやめ、後日、別のお店で同じ商品を購入しました。

これは、非常にもったいない例です。


誰がいつ、どんなお客さまになるのかは誰にもわかりません。

負の思い込みを捨てて、目の前のお客さまに、いつも全力を尽くすこと。

それができるよう「目の前のお客さまはいつも最高のお客さまだ」と思い込んでみましょう！


×身なりやイメージなどで、「買わない人」と判断する

○「目の前の方は、最高のお客さまだ」と思い込む

02

会社の数字に追われない！「上昇選好」

毎月、会社から支持される売上目標を前に、「ああ、今月もまた数字数字……」とうんざりして、売り場に立つのさえ辛くなる、なんてこともあるかもしれません。

そんな状態に陥ったときに私がオススメするのは、**あなた自身にあった「上昇選好の目標設定」をすることです。**

私たち人間は、時間の経過とともに、満足が右肩上がりに増加していくことを好み、下がるのを嫌う傾向があります。

例えば、お給料が急に上がった場合、そのときは嬉しいですが、その後しばらく上がらないと逆に満足度は下がりますよね。ましてや下がるとなると、最悪な気分になります。

このような私たちの特性を、「上昇選好」と言います。

私たちが数値目標を追いかけるときも実は同じです。

毎月更新される数値目標は、調子の良い月は満足度が上がります。

しかし、月が変わって、ひとたび調子が悪くなると「売り場に立ちたくない……」といった精神状態に追い込まれることになります。

つまり、売上を追うと、いつも安定した精神状態で接客することができないのです。


では「上昇選好」は、目標にどう活かせば良いでしょう？

「上昇選好」を目標に活用し、素晴らしい成果を挙げて世界で活躍しているスポーツ選手がいます。野球のイチロー選手です。

イチロー選手は日本の全野球選手で打率が歴代2位なのですが、多くの他の選手が打率を目標にする中（打率が給料などに反映されるので）、ヒットを打つことを目標にされているそう。

打率は調子によって頻繁に上下しますが、ヒット数は累計なので下がることがないため、精神的負担が少ないことが理由です。


私たちならどうでしょうか？

私がクライアント先で実際に取り組んで頂いている、スタッフの皆さまの「独自の年間目標」があります。

それは、「お客さまに『ありがとう』と言って頂けた数」を毎月追いかけていくといった、「数字が常に増えていく目標」をつくることです。

これができると、**自然とモチベーションが高まり、安定した精神状態でお客さまにお会いできる**ようになります。

「会社の数値目標はどうするんですか？」と思われるかもしれませんね。

ですが、お客さまに心から「ありがとう」と、たくさん言って頂ける販売員が「売れない」販売員のわけがありませんよね！

目標は、あなたにあったものにいろいろ置き換えてみましょう。

例えば、新人の方なら、

● **お客さまと目をあわせて会話できた数**

楽しいことでモチベーションが上がるタイプの方なら、

● **お客さまを笑わせた数**

お客さまにとってかけがえのない存在になりたいと思うタイプの方なら、

●お客さまの悩み相談を受けた数

とにかく「数が増えていく目標」を設定するのがポイント。数が増えるたびにやる気が増し、仕事が楽しくなってきます。

いつの間にか、あなた自身の心が軽くなり、笑顔が増え、会社の数値を大きく超える成果が出るときが必ずやってきます。

急がば回れ、まずは自分らしくイキイキできる目標を見つけてみてください。

✕会社に言われた数値目標だけを必死に追いかける

○数が増え続ける目標を楽しみながらガンバル！

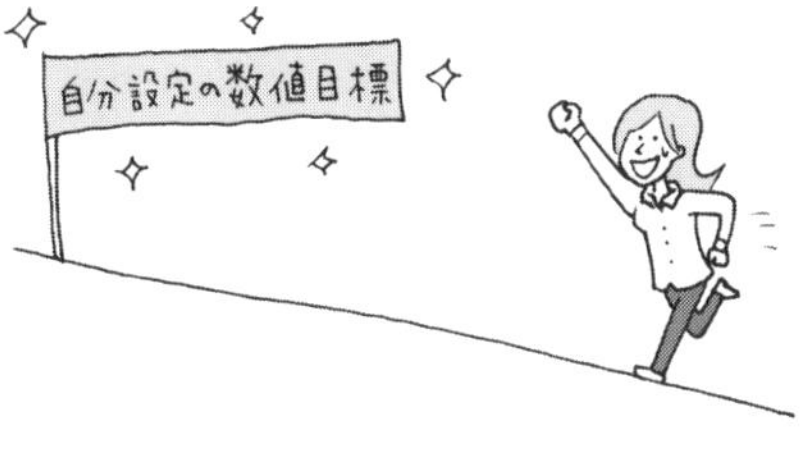

03

本気で楽しむ人ほど売れる理由「モノマネ細胞」

目の前で転倒した友人のひざから血が出ているのを見て、「うわぁ、痛そうだな……」と、見ている自分まで、しかめっ面になってしまった……一度はこのような経験をしたことがあるのではないでしょうか？

人間には、「ミラーニューロン」という脳の神経細胞があります。別名「モノマネ細胞」とも呼ばれ、相手の行動や感情を、自分の頭の中でそっくりに再現する細胞です。

自分が転倒したわけではないのに、「痛そう」といった感覚や感情を自分に再現するのです。この働きがあるから、私たちは相手の痛みを想像でき、人間は他人に優しくすることができるわけです。

実は、私たち販売スタッフとお客さまの関係でも、「モノマネ細胞」が働き、私たちの気持ちは「鏡」のように、お客さまに伝わります。

例えば、あなたが接客を受けたとき、店員さんにブスっとした表情で接客されたので、イラっとした態度をとってしまった。または、店員さんが笑顔なので、自分もつられて笑顔で話した。

こんな経験が少なからずあるかと思います。

あなたが「もっと買って頂ける秘訣を1つだけ知りたい！」とおっしゃるなら、私は迷わずこう答えます。

「まずあなた自身が、仕事を最高に楽しくしていることです」

私自身がこのことを強く感じたのは、アパレル店の店長時代に、親しいお客さまから「有村さん、今日疲れてない？　顔が怖いよ（笑）」と声をかけられたときでした。

確かに1日の終盤で「今日はちょっと疲れたなぁ。あと1時間頑張ろう」なんて考えていたときです。

自分では笑顔をつくっていたつもりだったのですが、お客さまには本心がしっかり伝わってしまったのです。疲れた人から何かを買いたいって思えないですよね。

反省した私は、ある方法で「今日1日疲れたなぁ」とか、「クレームを受けて凹んでしまったなぁ」といった気持ちを切り替えるようにしました。

それは、とてもシンプルですが、「鏡を見て笑顔」です。


それだけ？と思われたら、ぜひ今すぐ鏡に向かって笑顔になってみてください。

自分で自分の笑顔を見るだけで、気持ちが前向きになり、楽しくなってきますから！


一般的には、「楽しい」→「笑顔になる」といったように、気持ちが動いたから、行動・態度に出ると考えられています。

しかし、最新の行動心理学では、その反対に「行動」が先になって「気持ち」をつくるということが証明されているのです。

つまり、「笑顔になる」→「楽しくなる」ということ。

例えば、スキップをしながら「すごいムカつく！」などネガティブなことを言って、怒ろうとしてみてください。逆に違和感があって面白くなってきてしまいます。

気持ちがついてこなくても、まず先に笑顔をつくる。そしてその笑顔を「鏡」で見る。するとと、自分の笑顔にモノマネ細胞が働いて、気持ちが回復してしまうのです。

また、接客中に自分の笑顔ができているかどうかを確認したいときには、お客さまの表情をチェックすると良いでしょう。

このとき、お客さまが心から笑っているかを知るために、「目尻」に着目してください。

口は笑っているのに目が笑っていないという状態は「愛想笑い」です。

あなたが心から楽しい笑顔を出していたら、お客さまにもモノマネ細胞が働いて「目まで笑っている」本当の笑顔が出るはずです。

×疲れていても、自分なりに取り繕う
……
いらっしゃいませ…
疲れたなぁ…
○自分の笑顔を「鏡」で見て、気持ちをリフレッシュする
いらっしゃいませ!

04

凹んだ気持ちを盛り上げる「リフレーミング」

いつもと変わらず頑張っているのに、なぜか売れない。時間をかけてお話ししたのに、お客さまが「わかりました、検討しますね」と、帰ってしまう。そんな経験はありませんか？

私も販売員をしていたとき、2カ月ぐらい思うように売れないスランプがありました。

当時は本当にもう辛くて辛くて、朝、布団の中で「あぁ、このまま目を覚ましたくない……」と何度も思いました。

一度スランプに入ると、負のスパイラルに落ち込みます。

なかなか売れない

↓すごい形相で必死に売り込む（必死過ぎて目が笑ってない・笑顔が怖い）

↓お客さまが引いて去る（ときにはクレーム発生……）

今考えれば「ヤバい人」ですが、必死にこれを繰り返していたこともあります。

売れないスパイラルに入ると、周囲から「なぜ売れないのか」と追求されることもあり、気持ちに余裕がないままお客さまと接して、クレームにまで発展することもありました。

これではまずいと、私が自分を取り戻すためにはじめたのが「リフレーミング」です。

リフレーミングとは、簡単に言えば「見方を変える」ことです。

例えば、コップに半分入った水に対して「もう半分しかない」と思うか「まだ半分もある」と思うか、どちらで考えるかで、同じ出来事でも肯定的にも否定的にも感じられます。

売れない時期やお客さまがいない時期、私はこんなふうにリフレーミングをしました。

×「お客さまが全然こない……まずい、どうしよう」

◎「来店がないということは、今までのお客さまの分析ができる時期だ。また寒くなった時期のために手紙を書いてみよう！」（実際に来店につながりました）

×「また売れなかった……私、販売のセンスないかも……」

◎「売れないということは、ダメな接客の経験ができた！　この経験があれば、売れないスタッフの気持ちが理解できる！」

×「売れないから、他のスタッフに何を教えていいかわからない……」
◎「売れない経験があるからこそ、このあと売れるようになったら、何をしたかを自分で分析できる！　この経験があれば、他のスタッフに共有できる！」

その結果、失敗や苦しみや悩みに対して、「心理学」という武器をもって解決できることを、現在こうして書籍や研修を通してお伝えすることができています。

もしもあのとき、リフレーミングをしないでそのまま否定的な気持ちに溺れていたら、私はきっと販売員としても成功できなかったし、今の私は絶対になかったと思います。

あなたの今の苦しみも、必ず数年後のあなたをつくる大事な経験となっています。

そうできるかできないかも、考え方1つです。落ち込んだときや凹んだとき、失敗したときなどに、ぜひリフレーミングをやってみてほしいのです。

リフレーミングは、やればやるほどうまくなっていきます。

はじめはうまくできなくても、否定的な感情が浮かんできたらポジティブに変える、という考え方の変換を何度も繰り返すうちに、脳に回路ができてきます。ぜひこれが「クセ」

になるまで続けてください。

リフレーミングはお客さまの接客にも活きてきます。お客さまを褒めるときにも使えるのです。

ネガティブな言葉ではなく、ポジティブな言葉を自分に貼りつけること。

これだけで、足踏みしていた気持ちが1歩前へと進みます。

一緒に頑張りましょう！

×
必死にダメなところと向きあう
おろおろ
全然お客さまがこないっ
○
失敗は成長への一歩と捉え、次の一歩を踏み出す
今までのお客さまの分析ができる！
顧客

05

2分で自信がみなぎる「チカラのポーズ」

朝、お店に行って鏡を見ながら、「最近疲れてるなー、早く休みたい……」なんて1日のはじめ方をしていませんか?

そんな気持ちになるのは、誰でも同じ。私もそういう日はありますし、トップ販売員の方でも同じです。

販売の仕事は、体力勝負の仕事でもありますから、元気な日もあれば、そうでない日もあります。気持ちや体調には、波があって当然です。

ですが、ちょっと辛いな……と思うときでも、頑張らなくてはなりませんよね。

そんな自分とどう付き合うか、大切なのはその「付き合い方」だと私は思っています。

そんな1日のはじまりや、お昼休み明けなど、気合を入れ直したいときにぜひ、使ってほしいのが「チカラのポーズ」です。

たった2分間、この「チカラのポーズ」をとるだけで、やる気や自信が満ちあふれてきます。

ハーバード大学の社会心理学者、エイミー・カディによって、その効果が証明されている方法で、ポーズを変えるだけでストレスホルモンが出たり、やる気のホルモンが出たりと血中のホルモン値までもが大きく変化することがわかっています。

それでは試しにやってみましょう。

ではまず、本を横に置いて、背中を丸めて下を向いたら、肩をだらっとたらして、一息「はぁ～」と深いため息をついてください。その状態を30秒キープ。

すると、ほら、だんだん「なーんかしんどいなぁ」と、気持ちがどんより暗くて重たい気分になってきませんか？

では、次です！

今度は、両手を腰にあてて、体を大きく見せるようにぐっと胸を張ってください。その状態を30秒キープ。

どうですか？　自分のエネルギーが高まって、「よし！　なんかやる気が湧いてきた！」と、自信が湧き上がる感覚が実感できませんか？

さらに気持ちを高めたい場合は、リレーで優勝が決まった瞬間の人のように、ちょっと広めに足幅をとり、両手を力強く上に広げて、空を仰いで30秒をキープです！

いかがでしょうか？

研究では、2分間パワー・ポーズをとると、自信のホルモンが2割増えたと言われています。もし実感が足りないなと感じたら、2分間続けてみると良いでしょう。

いつも100％で仕事に臨んでいるつもりでも、どうしてもエンジンがかかりきらないときがありますよね。そんなときにぜひこのポーズをとってみてください。

ボディーランゲージには非常に強い力があり、相手に与える印象を大きく変えることもできます。

実は私自身、今でも研修や講演会など、人前で話す前には必ず1人でお手洗いにこもって、密かにこのポーズを決めています。

私には、このボディランゲージを活用している一番の理由があります。

それは、自分自身の気持ちをポジティブにもネガティブにもコントロールできるという点です。

販売職は、販売員の感情がそのままお客さまに伝わるお仕事です。

だからこそ私は、**自分自身の感情のコントロールができることは、一流の販売員には欠かせない能力だと思っています。**

どうも気分が乗らないなぁ、というときは、まずボディーランゲージを変えてみてください。

自信にあふれたポーズで自分を乗せて、最高の笑顔で1日をはじめましょう！

はぁ、と溜め息をつく
ハァ
チカラのポーズを密かに、2分間する
ビシッ

06

もうダメだ……を蹴り飛ばせ！「自己効力感」

私たちが失敗を繰り返して落ち込んでしまったとき、なかなか復活できないのは、心理学でも理由が明かされています。

もしそんな気持ちになったら、前項のリフレーミングとともに、ぜひ取り組んで頂きたいのが「自己効力感」を取り戻す行動です。

まずはちょっとかわいそうな犬の話を聞いてください。

紐でくくられたある犬が、幾度となくビリビリと電気ショックを与えられます。最初は逃げ出そうとするものの、何度やっても逃げられないことがわかると、徐々に抵抗しなくなり、最終的にはその場で吠えるだけになってしまいました（アメリカの心理学者セリグマンによる実験）。

これを「学習性無力感」と言います。

何度逃げようとしても逃げられない経験が続いたことで、この犬は「逃げられない」ことを学習してしまい、「何をしたってオイラは逃げられないんだ。しゅん」と考えるようになってしまったのです。

私たちも同じですよね。いくら頑張っても認めてもらえない。挑戦しても失敗ばかり。こんな経験が積み重なると、次の努力や挑戦も「どうせ頑張ってもね……」とか「私なんかじゃ……」と無駄な気がしてきてしまいます。

私も幾度となくそういう時期がありました。

販売で売れない時期、起業して一文なしになったとき。仕事でミスをしたとき。「自分を信じられなくなる」、そんな辛い時期は誰にでもあるはずです。

でも、本当は誰も自分を諦めたくないし、そんな時期を頑張って乗り越えたときこそ、大きな成長もあります。

だからこそ、あなたが悩んだときに自分で立ち直れる武器を手にしてほしいのです。

学習性無力感から抜け出すためには、「私はできる！」と思える状態、すなわち自分に対する信頼感**「自己効力感」**を取り戻すしかありません。

では、どうすればそう思えるようになるのでしょう。

そこで必要なのが、**一度目線を暗闇から明かりの方向へ変えること。つまり、あなたの「できたこと」成功経験に焦点をあてることです。**

悪循環に陥る理由は、失敗の積み重ねで「できないこと」ばかりに焦点をあててしまうことです。「次もできないかも……」と思いながら挑戦しても、実力は発揮できないですよね。

あなたの人生が失敗しかないということは、絶対にありえません。必ず過去に何か達成できた経験があるはずです。そうした、過去の活躍を思い出して「過去の達成経験」を「紙に書き出す」ことをしてみましょう。

頭で思い出すだけでは効果がありません。紙に書いて目で見ることがポイントです。

例えば、映画の感動ポイントを口で説明されても「いい映画そうだね」くらいにしか思えませんが、実際に映画を見れば心が動きます。目で見ることはインパクトがあるのです。

私が書き出した一例を挙げると、こんな具合です。

● 山本さまにコーディネートを褒められた

● お客さまに感謝の手紙を頂いた
● 入社2年目で営業250名中のトップをとった

小さなことから大きなことまで、とにかく思い出せるだけ書いて、目で見る。すると徐々に、そのときの情景や会話を思い出し、「私は、こんなこともできたじゃないか！」と勇気が湧いてきます。

復活は、「自己効力感」がカギ。落ち込んだときは、もう一度自分の活躍を振り返ることからはじめましょう。

自分の活躍を書き出し、見ることで、自己効力感が再び湧いてくるはずです！

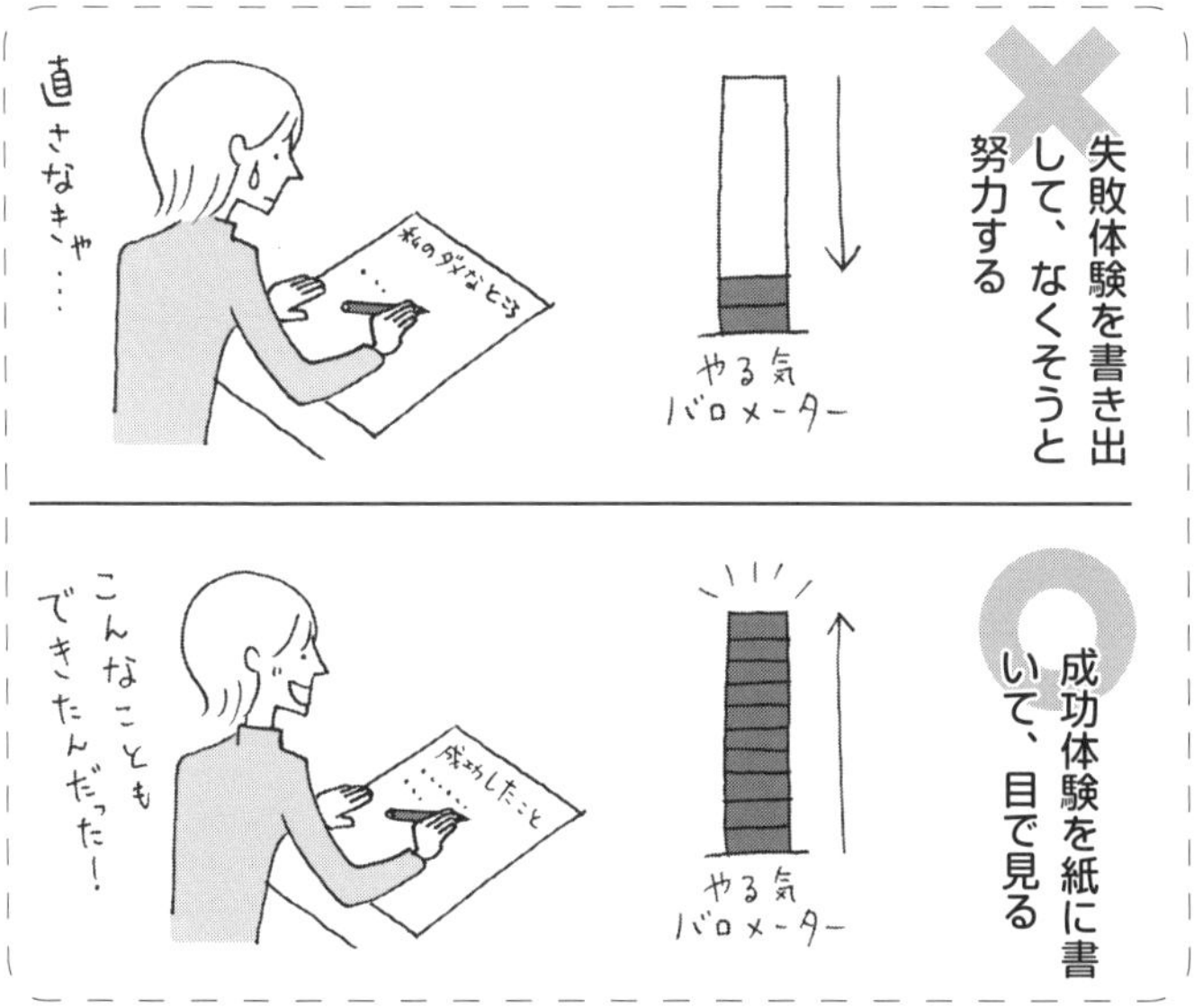
失敗体験を書き出して、なくそうと努力する
やる気バロメーター
私のダメなところ
直さなきゃ…
成功体験を紙に書いて、目で見る
やる気バロメーター
成功したこと
こんなこともできたんだった！

07

「あなた」というブランドを高める「セルフイメージ」

あなたは、「こんな販売員になりたい」という具体的なイメージをもっていますか?

私がアパレル店の店長になりたてのころ、はじめての店長の仕事に対して自信がもてず、「店長だからしっかり管理しなければ」、と怖い顔でスタッフに接していたことがあります。

ある日、友人がお店に買い物にきてくれて、久しぶりに自然体で接客ができました。

友人が帰ったあと、スタッフの子が、「今、すごく楽しそうに接客していましたよ。店長のそういう接客がもっと見たいです」と言ってくれました。これは私には衝撃的でした。

私はこの出来事をきっかけに、「お客さまに全力を注いでいる自分らしい姿を、スタッフに背中で見せていこう」と決めました。

それからは、自然体でお客さまにもスタッフにも接することができ、お客さまからご紹介を頂いたり、スタッフの皆もついてきてくれるようになった、という経験があります。

自分自身で、どんな自分でいたいかを決めること、これはお店の中でどんなポジションにいたとしても、とても大切なことです。ここに迷いがあると、すべての行動に自信がもてなくなり、結果にもつながりにくくなってしまいます。

こうした自分像のことを「セルフイメージ」と言います。強いセルフイメージをもっていると、頭に思い描く自分像が行動に一貫性をもたせるので、自他ともに認める「あなた」というブランドをつくってくれます。

トップ販売員と言われる方は皆、強いセルフイメージをもっています。

- 私はお客さまの家族のような存在でいたいと思っています
- 私はお客さまにとってのお医者さんだと思っています

中には「お客さまのアイドル的な存在なので、気を抜かずに美しくいないと」という方もいました（笑）。すべて自分の言葉で語れる販売員としての「自分像」です。**でもはじめから皆、こうしたセルフイメージをもっていたかというと、そうではありません。**

たくさんのお客さまと出会って、悩んで苦しんで、「一体私はどうありたいのか？」と自問自答して、あるときふと見えてくるものです。だからもし今、あなたが悩んでいても、大丈夫！　考え続けていけば必ず答えは見えてきます。

私がセルフイメージを固めていくときに取り組みやすかった方法をご紹介します。

まずは身近で、「素敵だな」「こうなりたいな」と思う人を書き出してみましょう。

そして、その人のどんなところが素敵だと思うのか、どうしてそう思うかを考えながら、「素敵ポイント」をできるだけたくさん書き出してみてください。

次に、その人のように行動するにはどうすれば良いかを考えて書き出してみてください。

もしも、それが今のあなたとかけ離れていても全く構いません。

そう思える人がいない場合は、出会えるまでいろいろな人に会ってみる・動いてみるのも大事なことです。

自分の職場の人でなくても、他のお店の店長や、会社の本部の方、友人や学校時代の先輩など。とにかくそのときに、「ああ、この人を目指してみよう」と思える人を見つけてその人に向かって全力疾走するのです。

すると、あるとき、ふとその人にすごく近づいている自分に気づきます。前に「こうなりたい」と書き出したいくつかのことが、達成されていることに気づくはずです。

そのころには新たに目指したい人が出てくるかもしれません。

そうしたらまた、その人に向かって全力疾走です！

こんな毎日を過ごしていたら、あなたに憧れて目指してくれる人が出てきます！　きっと、あなたのファンができていますよ。

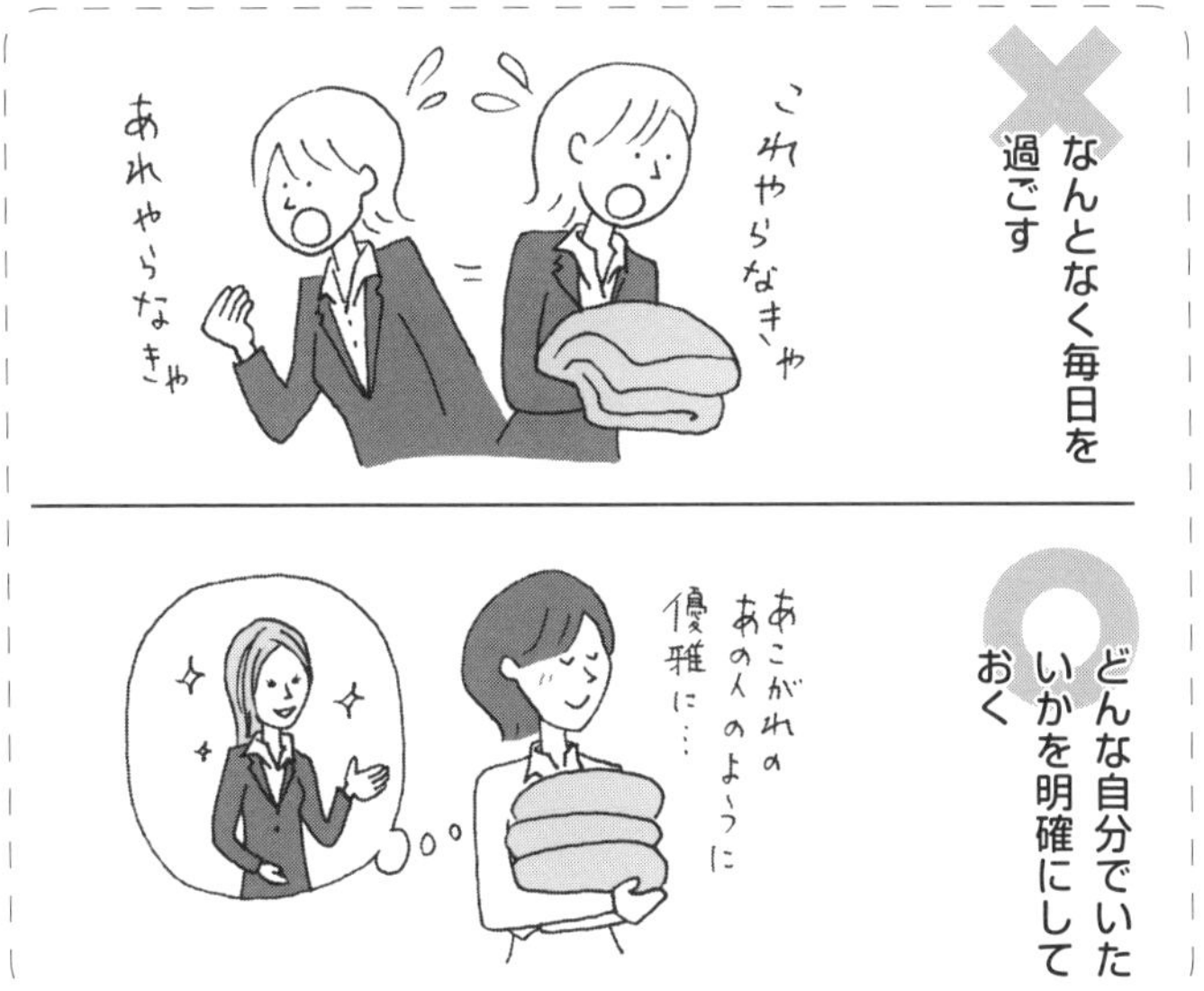

なんとなく毎日を過ごす
これやらなきゃ
あれやらなきゃ
どんな自分でいたいかを明確にしておく
あこがれのあの人のよ～うに優雅に…

Column

すべての印象をつかさどる「色彩心理」

販売の現場では、さまざまな色が目に飛び込んできます。

そしてそのすべてがお客さまへのメッセージとなり、無意識の中で心に働きかけています。

商品そのものの色はもちろん、お店の内装外装の色、什器の色、POPの色、そして販売員の服の色など、すべてがお客さまの深層心理に働きかける重要なパーツになっているのです。

しかし、意外と多くの販売員の方が色彩のもつ本当の影響力についてご存じないと感じます。色は当たり前にまわりにありすぎて、わざわざその影響力について考えることも少ないかもしれません。

このコラムでは、色彩心理の意味や使い方、販売に応用する方法などについてご紹介したいと思います。

それぞれ、興味があるところから読み進めてみてください。

「色が相手に与える心理イメージ」　82ページ
「色彩心理を服装に取り入れるには？」　112ページ
「人は皮膚でも色を見ている!?」　162ページ
「POPやディスプレイで使う色彩心理」　192ページ
「好きな色と似合う色は、違う？」　206ページ

Chapter 2

アプローチ編

08

たった7秒で勝負が決まる!?「初頭効果」

以前、結婚指輪を探していて、あるブランドの指輪店に入ったときのことです。

小さめのお店でしたので、スタッフはカウンターに1人と、少し奥にもう1人の2名でした。

カウンターの方は、私が入店すると笑顔で「いらっしゃいませ」と挨拶してくださったものの、もう1人の方は、こちらに背中を向けたままで黙々と作業をしている、ということがありました。

お店の戸をあけてから、わずか10秒も経たない間のことです。

品出しなどで忙しいのもわかりますが、私の印象は、「忙しそうで、ゆっくりできないかも」となってしまいました。

結局、第一印象で好印象をもてなかったので、そのままざっと商品を見たあとすぐに私はお店を出てしまい、その後そのお店を訪れることもありませんでした。

このように、第一印象が後々まで強い影響をもつことを心理学用語で「初頭効果」と言います。

最初に「良くない印象」をお客さまがもってしまうと、ただ「印象が悪いなぁ」と思うだけでなく、「お店を立ち去る」、「もう二度とこないと考える」、「スタッフを信用できない」といった影響が出てしまうわけですね。

ちなみに、**第一印象が決まるのは、心理学者の意見もさまざまですが、最短で「2秒」、長くとも「2分」程度**と言われています。私は自分自身とまわりの皆さまの感覚を元に、「7秒」程度であると考えています。

つまり、お客さまが入り口をまたいだ瞬間から勝負がはじまり、7秒後には第1ラウンドが終了するわけです。印象が悪ければ、そのまま試合終了。良ければ、まずは続行。素晴らしければ、特別ボーナスつきで続行となるわけです。

初頭効果は、ポジティブにもネガティブにも働きます。冒頭の話と反対に、最初に「感じが良いね！　親切そうだな」と感じた相手には、話しやすさや親近感を覚えます。そのため、質問をしやすくなったり、会話が続きやすくなったりもします。
では、初頭効果で「得する人」と、「損する人」の違いを見てみましょう。

初頭効果で得する接客

- □すぐにお客さまに気がつく
- □笑顔でご挨拶
- □良い姿勢、テキパキと機敏な動き
- □最初から商品の話をしない
- □タイミング良く声かけしてくれる
- □お店がきれい、明るい
- □スタッフが常に動いている

初頭効果で損する接客

- □お客さまの入店に気づかない
- □気づいても挨拶がない
- □だらしない姿勢、動き
- □店員同士が私語をしている
- □お客さまと目をあわせない
- □暇そうにしている
- □お店が汚い

基礎の基礎、と思われるかもしれませんが、忙しかったり、作業に集中したりするとつい忘れがちになることです。

右ページ上の接客をチェックリストにして、繁忙期などにスタッフ同士で振り返ってみるのも良いと思います。

もし、自分は完璧にできている！と思われた方は、他のスタッフの方を教えるにはどうするか？という視点で活用してみてください。

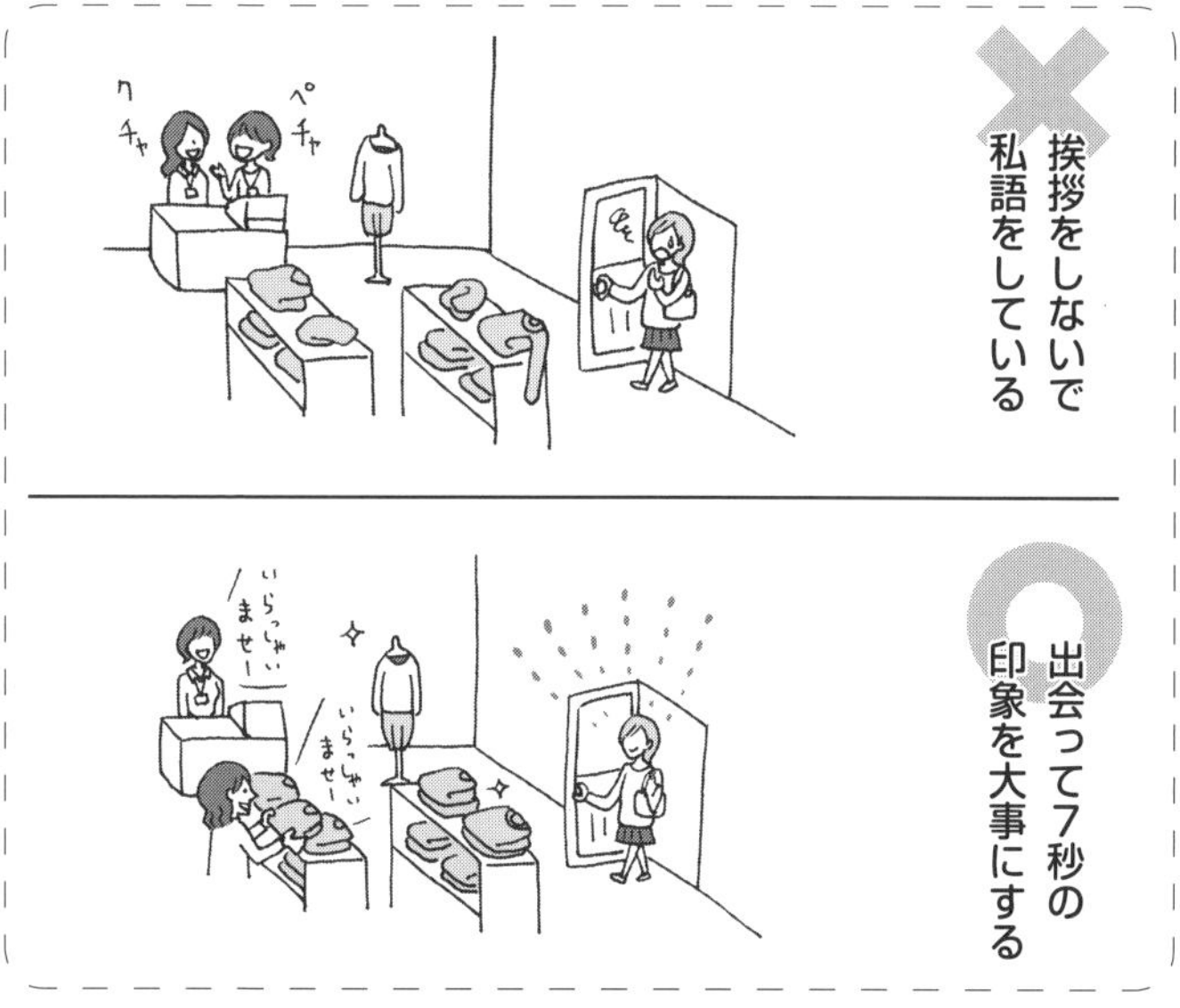
×
挨拶をしないで私語をしている
クチャ
ペチャ
○
出会って7秒の印象を大事にする
いらっしゃいませ！
いらっしゃいませ！

09

一瞬でお客さまに信頼される「ポジティブハロー効果」

あなたが買い物をしているとき、ごく短い時間しか話していないのに、何となく「この人は信頼できそうだな」と思う販売員の方に出会ったことはありませんか？

私は以前ノートパソコンを探しに家電量販店に行ったときに、そんな販売員さんに出会いました。

パソコン売場で、目立つ姿の男性スタッフの姿がそこにありました。肩にかけたたすきに、「パソコンの達人」と書かれていたのです。そのたすきを見た瞬間、私は相談するなら「絶対にこの人！」と思い、かけ寄って声をかけました。

その店員さんは、「ありがとうございます。家電アドバイザーの藤崎と申します」と満面の笑顔で、名刺を差し出しました。そして、その名刺にも「家電アドバイザー」と書かれていました。

姿を見て、かけ寄って、名刺をもらって。この間約30秒。

私は、「パソコンの達人」＆「家電アドバイザー」の2つの肩書きから、「知識がありそう」「いろいろ聞けそう」とこの方を信頼し、すべてをお任せすることにしました。

どうやらまわりの方も皆そう思うらしく、相談中、ちょっと商品に目を向けているとすぐ他のお客さまから声をかけられていました。

実際にこの藤崎さんは知識だけでなく接客も素晴らしかったので、私はすっかりファンになって毎回藤崎さんを指名して買うようになり、家族にも紹介してテレビ、ＤＶＤレコーダー、電子辞書など……家電はすべてその藤崎さんから購入するようになりました！

接客開始時、すべてのお客さまは不安をもっています。「この人は信頼できるのかな？」という気持ちです。お客さまはあなたのことをよく知りませんので、短時間で信頼するためのわかりやすい証拠や事例を求めています。それが、「肩書き」や「資格」です。

肩書や資格には、実際の能力がわからなくても、第一印象で信頼感を与える効果があります。これを、「ハロー効果」と言います。

「ハロー」とはお釈迦様の後ろから射している光「後光」のことを言います。お釈迦様の姿が後ろから照らされている光で、よりありがたく見える効果です。

あなたは、ハロー効果をうまく活用できているでしょうか?

ハロー効果を最も簡単に使う方法は、役職や資格が書いてある名刺を「最初に渡す」ことです。**自分から名乗るのは、印象も良いですし、最初に信頼感をアピールできます。**

よくあるのは、商談が終わってからお渡しするパターンです。お客さまが帰るときに、「私○○と申します。何かございましたら、私宛にご連絡ください」とお渡しするパターンです。

商談が終わってから「家電アドバイザー」とわかっても、すでに一通りお話は終わってしまっています。信頼を得て、いろいろなご相談に乗るチャンスを失ったことになります。

たとえ、名刺に書く役職や資格がない場合でも、今すぐできる方法があります。

それは自分で自分の肩書をつくってしまうことです。

あなたが接客をするときに、一番大切に思っていることを「キャッチコピー」として肩書きにしてしまう方法です。

例えば、名刺の名前の上に「お店で一番の笑顔を目指します!」と一言書いてあれば、それだけで「元気で人柄が良さそうだ」と思いませんか？

「親身にお答えします！ 何でも聞いてください！」と書いてあれば、「いろいろ聞いても嫌がられなさそう、誠実そうだ」と思えてきます。

あなたという素敵なキャラクターを一言文字にするだけで、ハロー効果が発揮されるのです。

名刺は自分から最初に渡す。肩書がなければ、自分のキャッチコピーを書く。

たったこれだけで、お客さまの心は一歩あなたに近づくことができます！

✕ 自慢になるので資格や肩書は言わない

○ 資格や肩書きなど、強みは出会ってすぐに伝える

10

声を操ると、お客さまはのめり込む「ボイスイメージコントロール」

トップ販売員は、声の出し方1つにも細心の注意を払っています。声をコントロールすることは、お客さまを前のめりに引きつけるにはとても効果のある方法です。

ジャパネットたかたのテレビ通販を見たことはありますか？

うかつに見てしまうと、思わず買ってしまうスーパープレゼンテーションです。

例えば、ある掃除機の販売の場合を見てみましょう。

「当社販売累計で、昨年20万台売れています。これはサイクロン方式で……」「お値段は、1000セット限定で、39800円。下取り12000円を引いて、26410円！26410円！もうこれ以上は何も言いません」

太文字のところで、皆さんよくご存知の髙田明元社長節が炸裂しています。

「絶対に印象づけたい」ところは、大きく高い声で話す。皆さんもご存知ですね。

でも、本当にすごいのは、その逆の方法も使われていることです。

最終金額を伝えたあとは、小さな声で「もうこれ以上は何も言いません」と締めくくります。たったこの一言で、視聴者に「これ以上は本当に安くならないんだ……」と伝わり、今度はお客さまが「うわぁ、どうしようかなぁと」と考えはじめるわけです。

もし、髙田さんが一辺倒に声が大きいだけ、高いだけで話をしていたら、途中で疲れたり飽きたりしてテレビを消してしまうでしょう。

声を上手に使うと、想像以上にお客さまはあなたのトークに引きこまれていきます。

声の印象は、トーン（高低）によって次のように変化します。

高い声……「明るさ」、「軽快さ」、「共感」、「興奮」

低い声……「落ち着き」、「説得力」、「威厳」、「冷静」

高い声は、髙田さんの声を想像してください。「明るさ」、「軽快」、「興奮」が伝わってきますね。逆に、低い声は、「落ち着き」や、「説得力」が伝わります。一般的に言われるドスの利いた声などは、低く威厳がある声です。このように、声にもイメージがあります。

では、実際の販売でどう使い分けるか、考えてみましょう。ポイントは次の3つです。

男女で変える

女性スタッフが男性のお客さまを接客する際には、声が高いと軽く見られがちなので、低めの声で、説得力や落ちつきを表現すると良いです。また逆に男性スタッフが女性を接客する際には、共感をもってもらうために、いつもより高めの声で接客すると良いです。

商品の価格帯で変える

高級商品は、低い声。日用商品は、高い声。

もし、銀座の高級ハンドバッグ店で、髙田さんの声のトーンで「こちらが、30万円のハンドバックです」と言われても、ちょっと高級感が薄れてしまいますね。反対に、家電屋さんのように日用品の販売で声が低いと、元気がないと思われてしまいます。

接客トークの中で変える

大切なことを伝えるときは、低めにちょっと小さな声で話します。例えば、はじめの挨拶は高めに元気良くスタート。お話ししていく中で、「ここはしっかり聞いてほしい」と思う場面では、ちょっと小さく低めの声でコントラストをつけるのです。

「お客さま、ここからが一番重要なのですが……」と小さく低めの声で言われると、思わず、「ん？　何？　何？」と意識が集中しませんか？

ただ、普段と違う声はすぐ使おうと思っても、なかなか出ないものです。最初は、友人や家族を相手に練習しても良いでしょう。練習のときに2オクターブくらい高い声と低い声が出るようになると、接客の中でトーンの切り替えが簡単にできます。

多くの方が意外と意識していない声の大小やトーン。使いこなせるようになれば、お客さまの反応が変わりますよ。

×いつも同じトーンで話す
声のトーン
高
低
なんと1980円！
こちらが30万円のバッグ！
○相手や商品によって、トーンを使い分ける
声のトーン
高
低
なんと1980円！
キリッ
こちらが30万円のバッグ…

11

自然と、もっと好かれる印象のつくり方
「イメージコントロール」

お客さまは、入店前からあなたの姿を無意識に確認して印象をもちはじめます。

話しはじめる前に、すでにあなたはお客さまに信頼できそうか否かを判別されているのです。

その判別ポイントの中で、一番大きなウェイトを占めるのは、実は「色」だと言われています。

目から入った色彩情報は、脳に届くとそのまま心理的イメージに変換されます。

つまり遠目でも、あなたを見た瞬間に、身につけている色などからあなたに対するイメージをもたれるということです（コラム参照）。

だからこそ、**外見は、「今自分がなりたい状態」から逆算して考える必要がある**のです。

例えば、アメリカの大統領には、プロの印象コンサルタントがついていて、交渉の場や、

選挙戦、スピーチの場などで相手からの見られ方を戦略的にコントロールしています。

選挙戦でエネルギッシュなメッセージを伝えるときは赤いネクタイを着用し、冷静さが必要な交渉の場では青いネクタイを着用します。

親しみやすさを出したい、信頼感を打ち出したい、エネルギッシュに見てもらいたい、話しやすそうに見てもらいたいなど、あなたが接客でお客さまに伝えたいイメージが明確になったら（07項 セルフイメージ）、あなたの商品や店舗イメージにあう色の服を積極的に身につけてください。

制服がある、スーツの色が決められているという場合にオススメなのは、髪留めやスカーフの色に色彩心理を活用することです。

身につけるものすべてが決まっている場合は、**ネックストラップの色、店内で持ち歩く筆記用具の色を変えるだけでも印象がガラッと変わります。**

宝石や高級ブランド店など高額商品を扱う場合、黒系のスーツやジャケットの着用をすることが多いでしょう。こうした服装は、信頼感がある一方で、話しにくさ、とっつきにくさも演出してしまいがちです。

そうしたときは、髪型を柔らかい印象にするなどで、制服の色とバランスをとると、話しかけやすい印象をお客さまに与えることができます。
例えば、ストレートヘアやまとめ髪から、パーマヘアや髪を下ろしてハーフアップにし、毛先をアイロンで巻くなど、清潔感は残しつつナチュラル感を演出するといった具合です。

制服が黒の場合

△髪型：ストレートボブヘア（きっちりしている）＝プロっぽい一方でとっつきにくい
◎髪型：ふんわりパーマヘア（優しそう）＝専門家ではあるが話しやすい

制服の色に威厳や重厚感を与える黒をメインに使っている場合は、このように髪型で見せ方を考えてみてください。

色彩心理を元にしたイメージのバランスのとり方は、
「制服の色彩イメージ×〇〇（例：髪型、メイク、小物）」

というように掛け算で考えるとわかりやすいです。

お客さまに「話しかけやすい雰囲気をつくっておくこと」も、私たち販売員の最低限のマナーです。

あなた自身のイメージを上手にコントロールして、お客さまにあった外見をいつでもつくれるようにしておきましょう！

×
素敵に見えればなんでも良い
話しかけづらい…
ちょっとキツそう…
いらっしゃいませ！
○
「見せたいイメージ」から逆算して見た目の印象をコントロールする
話しかけやすい
いらっしゃいませ！

12

髪はあなたの人格を変える？「ヘアイメージモデリング」

前項でなりたいイメージにあわせて、色彩×髪型と掛け算をすると良いですよ、というお話をしました。

しかし、髪型がもつイメージは、よっぽどヘアスタイルについて詳しくないと、すぐにはどうすれば良いかわからないかもしれません。

私もそうでしたが、ショートカットは似合わない、キャラ的にふんわりパーマとか似合わなそう……など、自分なりの「思い込み」のようなものがあって、いつもの髪型から抜け出せない方も多いように思います。

私がそんな自分の思い込みを壊し、お客さまにさらに信頼される髪型を手に入れることができたのは『女の運命は髪で変わる』（サンマーク出版）の著者である佐藤友美さんとの出会いがきっかけでした。

ついつい「いつもの髪型でいいや」、「この髪型は私には無理」といった感覚で髪型を選んでいた私に、佐藤さんはこう言いました。

「似合う似合わないよりも、なりたい髪型を優先して。性格はそれについてくる」

正直、髪ってそんなに大事？　というのが私の最初の印象でした。

しかし、私がコンサルティングしている色彩と同様、ヘアスタイルも「見ている側」の視線に立ってみると、「顔」と同じ、もしくは「顔」以上のインパクトがある、ということを実感しました。

例えば、女性の場合、印象を変えようとメイクを変えても多くの人は気づきません。

しかし、前髪の分け目を少し変えると、「あれ？　なんか違う!?」というように相手に印象を与えた、という実験結果があるそうです。

ここで私がオススメしたいのが、「モデリング」という方法です。07項で「なりたい自分像」を明確にしてください、とお伝えしました。

同じように、あなたが「こんな風になりたいと思う雰囲気・見た目の人」の髪型を、そっくりそのままマネてしまうという方法です。

恥ずかしいのですが、私も小学生のころ、アイドルの工藤静香さんに憧れて髪を伸ばし、ストレートパーマをかけ、美容院で前髪を立ち上げてブローしてもらったことがありました（笑）。

鏡を見ると、もちろん顔は違うけれどなんだか工藤静香さんに近づけたような気がして、すごく気持ちが高ぶったのを思い出します。

「モデリング」は、行動や考え方を真似て、そのモデルにした人に近づける成長の方法ですが、外見を真似るとその成長スピードが急激に上がります。

それは、鏡を見るたびに自分の姿を「なりたい人物」に重ねあわせ、無意識的にその人に近づいていこうと自分の脳に刺激を与え続けるので、非常に効果的な方法なのです。

ちなみに佐藤さんは、アニメのキャラクターがとてもわかりやすいよ、と言っていました。

確かにアニメでは、例えば女性キャラの場合、ベリーショートならボーイッシュ、巻き髪ならセクシー、前下がりボブなら仕事のできる女と、その性格をあらわすように髪型が設定されています。

今の自分を変えたいと思ったら、ぜひ髪型を変えてみてください。

性格や考え方は、外見を変えればついてきます。

鏡で自分を見ると、無意識に外見にあわせようとするチカラが働くからです。

このチカラは、潜在意識に働きかけるので、とても強いパワーがあるのです。

あなたの「なりたい人物像」に一歩でも早く近づいて、あなたのファンが増える大きなチャンスかもしれません。

×いつもの髪型でいい
……
○なりたい人にあわせて髪型を変える
透明感のある
清楚系
色気たっぷり
セクシー系
カッコイイ
キャリア系

13

お声かけ前からお客さまの心を開く「パーソナルスペース」

「この販売員の方、距離が近すぎる……」

先日、私が電化製品の説明を店員さんから聞こうとしたときのことです。

一生懸命に説明をしてくださっているのですが、とにかく距離が近いのです。

だんだんと私が後ずさりしているのに、「ぜひ、お手にとってご覧ください！」とまた距離を詰めてくる。さすがに、私も辛くなってしまって「あ、はい、ありがとうございます」と逃げるようにその場から立ち去ってしまったのでした……。

あなたは、お客さまとの距離感をどのぐらい意識していますか？

もしあまり考えたことがないようであれば、**距離のとり方1つで、お客さまが積極的に心を開くこともあれば、閉ざしてしまうこともある**、ということをぜひ知っておいて頂きたいです。

人間は、誰もが目に見えない「縄張り意識」をもっています。それを心理学では、パーソナルスペースと呼びます。

パーソナルスペースは、大きく分けて次の4段階あります。

家族や恋人の距離……「密接距離0～45cm」
友人や知人の距離……「個体距離45cm～120cm」
仕事や取引先の人との距離……「社会距離120cm～360cm」
授業・講演などの距離……「公衆距離360cm～750cm」

「心の距離が近づけば、それに比例して体の距離も近づく」というのが一般的な考え方です。

しかし実は、体の距離が近づくにつれ、それまで遠かった心の距離が体の距離と同じレベルに引き上げられることがわかっています。

私が販売に最も適していると実感しているのは「個体距離」で、その中でも「近接相

（45cm～75cm）」だと考えています。

片手を真っすぐ伸ばして、相手に触れられる程度の位置と覚えてください（人間の腕の長さは平均74cm程度、女性で66cm程度です）。

近すぎると相手に嫌がられます。かといって、離れすぎていると親近感もなく、話す熱も伝わりにくくなります。

つまり、**販売に最も適しているのは、「嫌われない限界まで近い距離」です**。それが、ほとんどの場合、近接相（45cm～75cm）なのです。

接客時、私がオススメしているのは、1人でも多くのお客さまの個体距離、できれば「近接相」に、早めに入っておくことです。

お声かけはお客さまごとにタイミングがありますので、あとからで構いません。商品出しや商品整理など、何らかの理由をつくってお客さまの「個体距離」に一度入っておきましょう。

もちろんこのとき、無言で近づいては失礼にあたりますので、「いらっしゃいませ」「ごゆっくり」などのご挨拶と笑顔は必須です。

一度「個体距離」に入っておくと、お客さまが「この商品のこと聞いてみたいな」と思ったときに、お互いに話しやすい、話しかけやすい状況を自然とつくっておくことができます。

そして、個体距離に入るときのポイントは、必ず「右ナナメ前」から、と覚えてください。**お客さまが一番警戒しにくい方向が、「右ナナメ前」なのです。**

何となく近くにきてくれていたとお客さまの無意識の記憶に残ることで、そのあとの接客が思い通りに進むようになります。

お声かけまでは、遠くで見守る
120cm～360cm(社会距離)
お声かけ前に、片手が届く距離に一度入っておく
45cm～120cm(個体距離)
ニコッ

14

三角関係を結べば、会話が続く「オープンポジション」

「ちょっとこのお客さまは話しづらいなぁ」、とか「会話が続かないなぁ」と思ったことはありませんか？

もしかして、それはお客さまと三角関係が結べていないのかもしれません。

実は、私自身、お客さまと三角関係を結ぶことを意識しはじめてから、お客さまと格段に話しやすくなったという経験があります。

話しやすさに大きな影響を与えるもの、それは、「話す角度」です。

例えば、カウンターや机越しにお話をする場合、お客さまと販売員は、正面に座ることになります。

ところが、実は正面は心理学では「敵対」を意味します。

特に、男性同士の場合、より一層その傾向が強くなります。プロレスラーやヤンキー同士が、額をくっつけて睨みあっているシーンがありますね。実はあの状態なのです（笑）。

では、どんな角度が最も話しやすいかというと、座る（立つ）位置を90度にして、顔だけを相手に向けて話すことです。このようなポジションを「オープンポジション」と言います。

話しやすくなる理由は、アイコンタクトが鍵です。

正面で話すと、「アイコンタクトを外すのは失礼だ」とできるだけお客さまの目を見ようと力んでしまいます。力んで相手を見つめるのは「睨みを利かしている」状態ですね。しかし、90度の場合は、もともと斜めを向いて話しているので、目線を前に戻すことで自然に目をそらせるのです。

それだけでも、肩の力が抜けて、お互いに楽に話すことができます。

そうは言っても、お店がカウンター式で、どうしても正面にしか座れない、という場合もあるでしょう。

そのときは、カタログやパソコンなどを、お客さまと三角形を結ぶようにおいて、お客さまと一緒に見てください。そうすると、オープンポジションと似た状態になります。

また、お客さま側にカタログを向けて話すシーンをよく見かけますが、実はオススメできません。

カウンターも、パソコンも、カタログも、相手との間にある物体はすべて「心が通いあうのを邪魔する障害物」になるからです。

障害物が多いほど、心の距離はとりづらくなります。

もちろん、そうすると仲良くなれないというわけではなく、より高いコミュニケーション力と労力が求められてしまう、ということです。

1人でも多くのお客さまに出会ってお話しするためにも、余計なハードルはとにかく除去しましょう！


ちなみに……、これが使えるのは仕事だけではないですよ。

初デートで緊張するなんてときこそ、正面で座るテーブルのお店より、90度で座れるお店をチョイス！丸テーブルで好きな場所に座れるようなところも良いでしょう。

いろいろな場面で活用できる方法です。ぜひ試してみてくださいね！

トップ販売員は、座席の座り方やお客さまと話すときの角度がオープンポジションになるように、商談の環境づくりにもチカラを入れています。

例えば、お店の椅子をはじめから90度に設置しておく、外で会うときには90度の座席があることをお店選びの基準にする、といったことを実践しているのです。

最初から面と向かって正面から話す
お客さまと斜め45度で話す

15

腕組みは心が閉じたサイン？
「クローズド・ポジション」

あなたが話しかけると、ふとお客さまが腕組みされる。そんな経験はありませんか？

実は、その「腕組みの位置」や「腕の組み方」を見れば、お客さまの「口では言えない本音」を読みとることができます。

腕組みは、「クローズド・ポジション」と呼ばれており、別名「心の盾」とも呼ばれています。体の前面には、心臓や肺など体の大切な部分が位置していますので、私たちは警戒心や不安があるときは、動物の本能として無意識にそれらを腕で守っています。

何かを考えるとき、腕組みをするのも同様で、これは、考えごとをしているときに周囲への注意力が落ちるため、とっさに危険が迫っても体を守れるようにしているのです。

腕組みが出たときはお客さまの様子を観察しながら、腕組みが解けるようにお話を進めていくとスムーズに進みます。心と体は連動しています。腕組みを解くよう体にアプローチすることで、心理状態もオープンに変化してくるというわけです。

ここでは販売に直接活かせる3つの腕組みについて、対策を交えてご紹介しましょう。

1．警戒「むむっ、売りつけられるんじゃないか？」

お客さまに話しかけはじめた瞬間から、腕組みをはじめるのがこのパターン。

1歩2歩とあなたから遠のきながら腕組みをはじめたら、もうあなたは「むむっ、売りつけられるんじゃないか？」と警戒されています。

対策 なんでも良いので、腕組みを外すための口実をつくってください。例えば、商品を触ってもらう、カタログをお見せする、コーヒーをお出しして飲んで頂くなど、手を使うことをして頂き、腕組みをはずしていきます。

2．緊張・不満・不安「こんなに高い買い物して、あとから困らないかな……」

手で二の腕をつかむように体を覆う腕組みは、自分の体に触れて安心感を得ようとしている仕草です（自己接触行動）。

例えば、接客内容に対して苛立ちや不満をもっているときや、いざ決断を下す前に不安感を抱いているときにあらわれます。

対策 このときは、商品説明はやめて「何かご不安な点や気になる点はありませんか？」と、お客さまに聞いてしまいましょう。あなたを信頼していれば、「実は……」とそのときの本音を話してくださるはずです。

3．興味・集中「へー！こんな商品があるのか」

腕組み＋あごを触るような仕草が出たら、これは「決断を下そうとしているサイン」で、ポジティブな腕組みです。商品の使い道を想像することに頭が集中しはじめ、突然の危険に備えて体を防御しつつ決断を下そうとしている状態です。

対策 こうした沈黙のときは、あえて黙って待ちます。「あともう少し」と、商品説明を畳み掛けたくなりますが、ここはぐっとこらえてお客さまに整理するお時間を差し上げましょう。

お客さまにプレッシャーを与えないために、なるべく気配を消してそっと近くで待機するのがコツです。

いずれにしても、腕組みが出たときに焦ってはいけません。

どのパターンでもお客さまは心が閉じかけていますので、その状態でクロージングなどはNGです。

まずはお客さまのお気持ちをゆっくり観察して対応しましょう。

×
腕組みが出たら、興味を引くために頑張って商品説明
あと一歩！
しかもこの商品あれでそれで…
うーんんん？
○
腕組みが出たら、落ち着いて状況を観察し、ゆっくり対応する
あと一歩…
じっ…
うーん
やっぱりほしいな…

16

お声かけは3回できる人が勝つ！「警戒シーソー」

宝石や高級腕時計を扱う、ある販売員の方から、ご相談がありました。

「お客さまに、積極的に話かけるようにしているのですが、話を聞いてもらえないことも多いです。どうすればもっとお話できますか？」

あなたも同じような悩みや疑問をもっているかもしれません。

そもそもなぜ、お客さまは販売員に話しかけられると、ささっとどこかに行ってしまったり、目をそらしてしまったりするのでしょう？


お客さまの心の中には、売り込まれたくない、買い物で失敗したくない「警戒心」とちょっと気になる「興味」の2つの心があります。

来店されたということは、商品に対して「ちょっと見てみたい」と興味があるものの、同時に「買わされたら嫌だ！」という警戒心があるわけです。

お客さまの中では、この2つの気持ちがシーソーのようにバランスをとっています。

入店時のお客さまの気持ちには、「大きな警戒心」と「小さな興味」があり、心のシーソーは警戒心のほうに傾いています。

その状態で、「新しい商品が入りましたよ」、「よかったらどうぞ！」と、声をかけられると、「やっぱり売り込まれる！ 急げ！ 今すぐ逃げよう！」と、立ち去りスイッチが秒速でオンになってしまうわけです。

そこで、あなたに一番知っておいてほしいのは、私たちの声かけの一番の目的はお客さまの「警戒心を小さくする」ことです。警戒心が大きいまま、興味を引こうと商品の話をしても、お客さまには売り込みにしか見えず、聞く耳をもてません。

そこで、**私はこの店員さんに「3回のお声かけ」をオススメしました**。

最初は、一切商品に関する話をせず、「私は、売り込みませんよ」と伝わるお声かけ。

例えば、「寒いですね。ゆっくり温まっていってくださいね」、「どうぞ楽しんでいってくださいね」といったものです。商品に強い興味をもって見ているお客さまには、もちろん説明から入ってもＯＫです。シーソーの向きがどっちに傾いているか観察しながら、警戒側なら、その警戒を徐々に解いていく、とイメージしてください。

それから、少しゆっくりご覧頂く時間をとって、再度お声かけをします。

2回目のお声かけのテーマは、「会話を楽しむ」こと。

お客さまをお褒めすることが最も簡単です。例えば、「ジャケットが素敵でよくお似合いですね。紺色がお好きなんですか?」といった具合です。

2回目のお声かけでもお客さまが会話に乗ってこられない場合は、また一度時間をとって、どんな商品に興味をおもちなのか、お客さまの様子を観察します。

3回目のお声かけは、「共感」がテーマです。

なるべくお客さまと共感できるお声かけをします。このあたりから商品説明をうまく織り込んでいくと良いでしょう。

「これだけ種類が多いと選ぶのも大変ですよね!」とか、「なかなか商品の違いをわかるのも難しいですよね」といったもの。そこから、手にとられていた商品や、よくご覧になられていた商品をもとに、お話を広げます。

例えば、結婚指輪の場合、「シンプルな指輪の方が気になっていらっしゃいますか?」

といった具合です。

3回目のお声かけの際は、お客さまにもグイグイ売り込みしないということは伝わっていますので、商品の話をしても接客自体が嫌なお客さまを除けば、会話ができる可能性は高まります。

お声かけの一番の目的は、警戒心を解除し、少しでも早く「お客さまと心を通わせること」です。

3つのステップを活用して、1人でも多くのお客さまとお話できるよう頑張ってくださいね！

Column

色が相手に与える心理イメージ

色には、それぞれダイレクトに脳に信号を発する「心理イメージ」というものがあります。例えば、「赤」を見ると「興奮」してくる、「パワフル」な気持ちになる、などです。

これをうまく応用しているのが、マクドナルドなどのファーストフード店です。赤と黄色を商品ロゴ（ポテトの箱）や店内の内装などに活用し、食欲増進効果と、興奮して動きたくなる気持ちにさせて回転率の向上をはかっていました。

最近はファーストフード店も落ち着いたブラウンやグリーンを取り入れて、安心感、ゆったり感を全面に出し、一品あたりの商品単価も上げることで、客単価を向上させるような傾向になってきました。

また、青という色は、世界的にも最も好かれる色という分析効果があり、企業ロゴに青が多いのもそのためと考えられます。

このように、色彩はお客さまに与える影響が非常に大きいため、戦略的にさまざまな企業のマーケティングに使われています。

次のコラムからは、私たちが服装などで活用できる色彩心理をお伝えします。

Chapter 3

接し方 編

17

お客さまがあなたを応援するファンになる「自己開示」

ある冷え込んだ冬の日のことです。私はダウンコートを見に、たまたま通りかかったお店に入りました。1つ目の商品を手にとると、店員さんがすぐに声をかけてきました。

店員「ダウンをお探しですか?」
有村「ええ、まぁそうです」
店員「でしたらこのコート、色も良くてすごく素敵ですよ」
私　(無言でうんうんとうなずく)
店員「可愛いですよね。リバーシブルで2色使えるのでお得なんですよ」
有村「なるほど、それはお得ですね。ちょっと他も見て考えますね」(立ち去る)
店員「ありがとうございました」

結局私は、1分ほどでお店から出てしまいました。私はどちらかというと衝動買いタイプなのですが、なんとなく居心地が悪くなってしまったのです。

この会話、あなたならどう変えますか？

お客さまは皆、はじめは「売り込まれたくない」と心の扉が閉まっています。

それなのに、一方的に商品のことを話すのは、家の中にいる人に「すみませーん！この商品はいかがですかー？」と大声で叫んでいるようなもの。想像すると笑えてきますが、私も慣れないころはやっていました。

最初に必要なのは、お互いの心を通いあわせることです。そのためには、自分の「経験」「考え」「気持ち」などを口に出して相手に伝えること（自己開示）が必要です。

それでは先ほどの会話に自己開示を入れてみましょう。

店員「今日も寒いですね。店内温かいですので、ゆっくり温まっていってくださいね」
有村「ご丁寧に、ありがとうございます」
店員「これだけ冷えると、着込まないと寒いですよね」
有村「ええ、そうなんです。寒くて」

店員「私も最近、通勤が寒くて、このダウン買ったんです」（「買った」という自己開示）
有村「そうなんですね！　着られてみてどうですか？」
店員「すごく暖かいのに、ダウン特有のかさばりがなくて気に入ってるんです」（気に入った点の自己開示）
有村「それは良いですね。デザインは選べるんですか？」
店員「2つのカラーがありますよ。ちなみに、私のコートはベージュです。少し恥ずかしいのですが、彼氏にも好評でした（笑）」（自分自身の話で自己開示）
有村「それは嬉しいですね」

このように、質問したり商品の説明をしたりする前に、自分の話を伝えると、お客さまとの距離はグッと縮まります。
自己開示には、下の表のようなレベルがあります。

【自己開示のレベル】

レベル1	商品についての意見	「この商品すごく可愛くて、私大好きなんです」
レベル2	商品に関する趣味やライフスタイル	「このニットを着て、よく公園に散歩しに行くんです」
レベル3	自分自身や家族の話	「最近、私の母もファッションに目覚めはじめまして」
レベル4	不安や悩み	「実は昨日、彼氏と喧嘩して、ちょっと凹んでるんです」

レベル４まで自然に話せる状態になると、お客さまはあなたのことを「応援してあげたい」という、ファンのような気持ちになります。

前にお手伝いさせて頂いた、成績優秀なスーパーの試飲販売スタッフの方は、「いつもお客さまがものをくれる」と話していました。手持ちのアメにはじまり、手づくりのクッキーなど、極めつけはお客さまの夕食に招待されたこともあるそうです。

試飲販売は、訪問先が毎回変わるので、新規のお客さまとの会話になるのですが、この方はほとんどのお客さまとレベル４の会話をしていました。

お客さまとは商品の話しかしない
うーん
これは暖かくていいですよ？

お客さまと販売員を超えた人間関係をつくる
どうでしたか？
私も買ってみて〜

18

一瞬で相手の心がときめく「ちょいタッチ」

体の接触は、販売の現場で、お客さまをあなたの虜にするとても強力な技です。といっても、もちろん、むやみにお客さまに触れようということではありません。

ご紹介したいのは、タイトルにもある、「ちょいタッチ」です。

例えば、コンビニやスーパーでも、飲食店でも、レジでお金を払うときやお釣りをもらったときに、店員さんと手が触れあった経験はありませんか？

お金を落とさないようにと、片手を添えてくれたり、両手で自分の手を包み込むように渡してくれる店員さんです。

手と手が触れあうと、触れあう前よりもその人に対して親近感が湧いてきますね。

こうした、ほんの少しの接触が好印象につながることは、科学的にも立証されています。

ミソネタ大学の研究をご紹介しましょう。

電話ボックスにわざとコインをおき、次に入った人がそのコインを手にとって出てきたところへ、「こちらにコインを忘れたのですが、ご存じないですか？」と声をかけます。

さて、あなたならどうしますか？

実験では、正直にコインを返してくれた人は、わずか全体の2割に過ぎませんでした。約5人のうち1人しか返してもらえなかったのです。

次の実験では同じように声をかけながら、軽くひじに触れてみました（長くても3秒程度）。その結果、コインを返してくれた人は、なんと、7割まで増加したのです！

実に3倍もの効果です。

ひじに少し触れられるだけで、相手との間に絆が生まれ、親近感を感じるのでなんとなくウソをつきづらくなる、という心理が働くことがわかりました。

この「ひじタッチ」を実際に販売に取り入れてみたところ、本当に驚くほど効果がありました。

スーパーの試飲販売で「ぜひ、お試しください」とお声かけしながら、軽くひじに触れることを実践しました。

カップのリーチ数（試飲カップをお渡しできた数）は、なんと5倍になり、飲料ボトルの販売数は取り組み前の2倍になったのです。

またある保険の営業マンの方は、ひじタッチをするようになって、初対面から次にお会いできる確率が実行前の3倍に上がったというご報告をくださいました。

「ひじに軽く触れる」というのは、誰でもできる簡単なことなのですが、お客さまとの間にできる絆は強力です。

ただ、1つ覚えておいてほしいのは、「ひじ」が特別な場所であるということです。

お客さまの「ひじ」より上の部分、「腕」や「肩」を触るのは、販売する商品上必要な場合を除いて、不自然で失礼ですので、不快感を与えかねません。

ところが、「ひじ」だけは特別なのです。

私は、心の盾である腕の中でも最も外側にあり、固くて丈夫な箇所だからだと考えています。

もし、あなたが「それでも、お客さまのひじに触れるのはちょっと……」と思われるのでしたら、触れるか触れないか、そっと、手を添えるだけでも効果があります。

まずは知人や知りあったばかりの方など、プライベートで試して効果を体感してみてください。

きっとお客さまにも使いたくなりますよ。

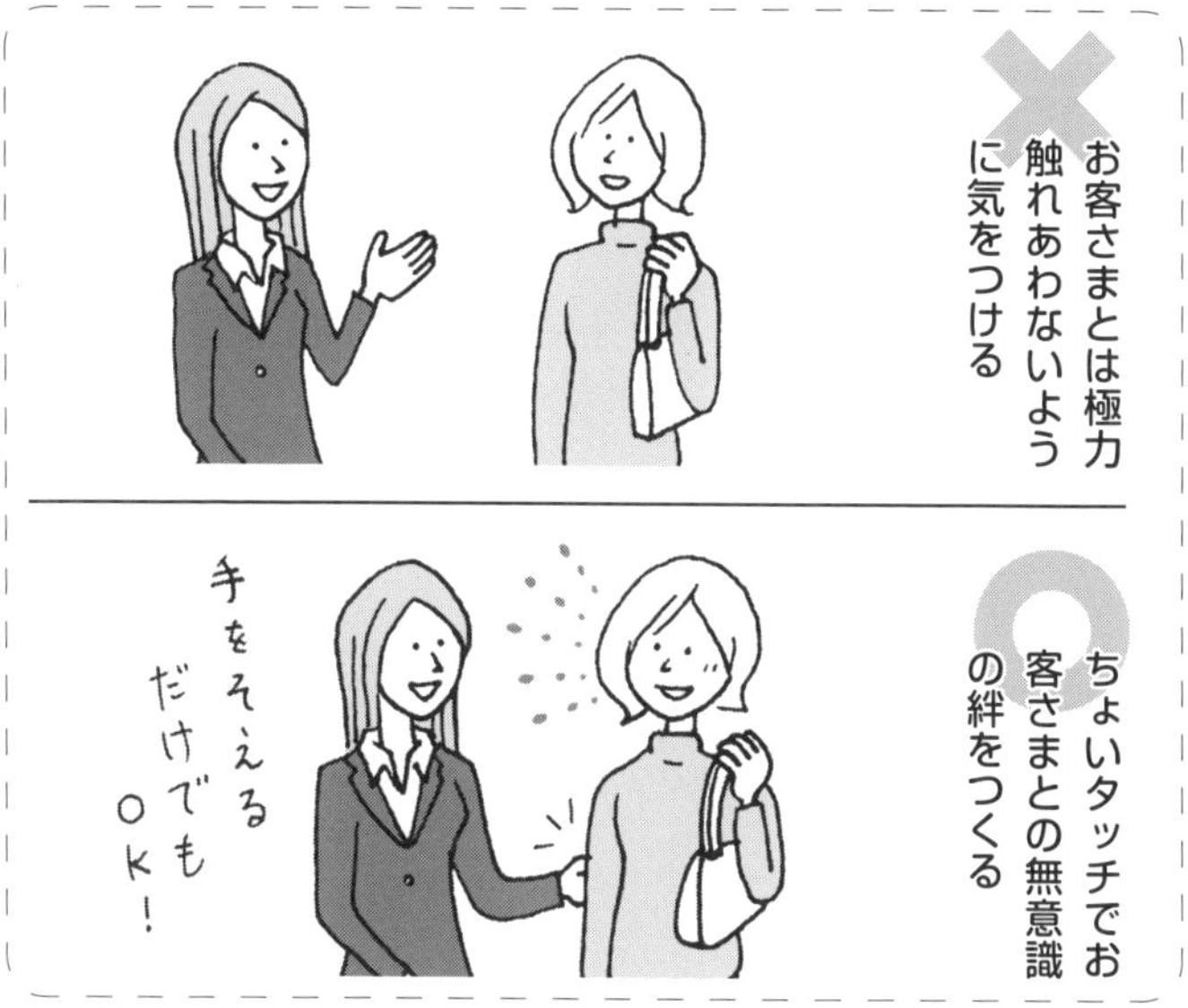
✕
お客さまとは極力触れあわないように気をつける
〇
ちょいタッチでお客さまとの無意識の絆をつくる
手をそえるだけでもOK！

19

ネガティブな発言は絶好のチャンス「自我関与」

お客さまから次のようなネガティブな発言をされることがあります。

「私、背が低いから……」

「私、太っているから……」

「私、目が小さいから……」

このようなネガティブな発言に関して、あるアパレル店の販売員の方から、こんな質問を頂きました。

「このとき『そんなことないですよ！』とは言うものの、もっと良い返し方はないでしょうか？」

私も現場にいたときはお客さまに、可愛いソックスをご提案しても、「足が太いから似合わないかも……」といったネガティブなお返事をよく頂きました。

ネガティブな発言って、「そうですね」なんて口が避けても言えないし、「そんなことないです！」と言ったあとどう続けたら良いのかもわからないですよね。

でも、**実はネガティブな発言を頂いたときこそ、お客さまの心をギュッと捉える絶好のチャンス**です。


その理由と、具体的な話し方をお伝えしますね。

まず、あなたに一番覚えておいてほしいのは、お客さまが言及されるネガティブなポイントは、お客さまにとって、**最も興味関心が強い部分である**ということです。

例えば、「素敵なバッグですね」と褒められたときを考えてみてください。

自分がこだわって選んで買ったならば「よくぞわかってくれた！」ととても嬉しくなります。

しかし、そもそもバッグに興味がなかったり、あまりお気に入りじゃなかったりすると、「へー、そう？」とちょっと嬉しいくらいしか思えませんよね。

こうした、自分の興味関心や関わりの度合いのことを「自我関与」と言います。

自我関与が強い＝興味があるものは、褒められると嬉しいですし、弱い＝興味がないものは、褒められてもあまり心に響かないのです。

お客さまがネガティブな発言をされるということは、**そのポイントに関心があり、本当は「そんなことないよ」と否定してもらいたい、なんとか良く見せたい、という気持ちのあらわれ**の場合がほとんどです。

本当に気にしている、もしくは興味がない場合は、口にすることもありません。

「太っているから」という発言は、「スタイルをよく見せたい」という本音が隠れているのです。だからこそ、うまく褒め返して差し上げると、とても心に響きます。

例えば、次のような返し方です。

「背が低いですから」　↓　「スタイルが良いし、バランスがとれていて私は素敵だと思いますよ！」

「太っていますから」　↓　「そうですか？ 着こなしが素敵で気づかなかったです」

「目が小さいですから」　↓　「鼻筋がすっと通ってらっしゃって私はキレイなお顔立ちだと思います！」

私は全然気にならない（Ｉメッセージ）＋別の素敵な部分を褒めるようにしましょう。

コツは、全体を見て素敵なポイントを褒めることです。

お客さまはパーツを気にされますが、お客さまの言うパーツそのものには注目しなくて良いのです。

ほとんどの場合、**他者から見ると全体のバランスや雰囲気の方が重要で、パーツはあまり気にならないものです。**

焦点を少しずらして、素敵なポイントをお伝えする練習をしてみましょう！

✕ ネガティブな言葉をそのまま受け取る
太っちゃって
こちらはスリムに見えますよ
○ 私は気にならない＋別の素敵な部分を褒める
太っちゃって
着こなしが素敵で気づかなかったです

20

「売る」をやめるほど売れる理由

「好意の返報性」

私がある洋服店にスーツを買おうと、閉店5分前にすべり込みで入店したときのことです。ある店員さんが、まわりのスタッフやお店が閉店準備をしている中、嫌な顔1つせず1時間以上もしっかりと接客してくださったことがあります。

買うかどうか迷う気持ちもありましたが、「親切に教えてくださったし、よし、ここで買おう！」と結局買う決断をしました。

このように、「私を大切にしてくれる相手は、私も大切にしたい」と、相手の好意に好意で答えたいと思う心理のことを「好意の返報性」と言います。

「好意の返報性」は、接客販売の土台といっても良いほど大事なことですので、要チェックです！

よく、研修などで、お客さまに「親切にしよう」、「丁寧に接しよう」と教えられますが、実はその本当の理由は、**お客さまを大切にすると、「好意の返報性」で結果的に売上というかたちで自分に返ってくる**からなのです。

北九州にある有名な美容室では、こんな話があります。

ある美容師さんが、自分のお客さまのお名前のハンコを手彫りでつくり（そのためにハンコ教室に通って！）、年賀状に押して「お客さまのハンコをつくったので見にきてくださ い」と書いて送りました。

その結果、年賀状を出した437人のうち、436人が翌月にご来店され、400万円以上も売上が上がったというのです。

もし、いつもお願いしている（もしくはたまたま行ったお店の）美容師さんから「有村さんのお名前のハンコを手づくりしました！」と言われたら、びっくりしますし、「そこまで気にしてくれてるの!?」という気持ちと、「何してるんですか（笑）」という面白さもあって、行かざるを得なくなりますよね。もうリピート確定です。

これが、「好意の返報性」です。

でも、私たちがいきなりこの領域まで達するのは、なかなか大変です。**そこで、オススメしたいのが、いつもの仕事に1つだけ「お客さまが喜ぶ工夫」を取り入れることです。**

1つ例を挙げてみましょう。

不動産仲介会社の営業マン秋山さんは、私にこんなお手紙をくださいました。

「有村さんの講座受講後から、いつも出しているお茶の出し方に1つだけ工夫をしたんです。そしたら、お客さまに『これはすごい気遣いだね！』と感動してもらえて、ご契約にもつながったんです！」

秋山さんは、普段からお客さまに、お茶とおしぼりを出していました。

ただ、その日は36度を超える真夏日だったので、冷たいお茶に「カチカチに凍ったおしぼり」を出したそう。

するとお客さまが、「どこでもおしぼりは出るけど、凍ったおしぼりをもらったのは人生ではじめて。これはすごい気遣いだね！」と感激してくださったのです。

「同じおしぼりを出すのなら、冷たい方がお客さまも気持ち良いだろう」と考えたことが、お客さまに喜ばれました。

ただ、秋山さんがとった行動は、乱暴に言えば、冷蔵庫に入っているいつものおしぼりを冷凍庫に入れただけです。

ですが、その小さな気遣いから生まれた、たった1つの行動が、お客さまに「自分を大切にしてくれている」という感動を与えたわけです。

工夫をするといっても、新しい業務を増やすと手間がかかり面倒です。

そこで、毎日行っている業務に1つだけ工夫を加えてみましょう。

お客さまから反応があれば、毎日がさらに楽しくなるはずです。

×いつも通りに接客する
○いつもの接客に、お客さまが喜ぶ工夫を1つ加える
カチコチ

21
何となく信頼できそう！を演出する「サブリミナル知覚」

服装は本当に私たちが思う以上に、非常に強力なパワーをもっています。

● アロハシャツの医師より、白衣の医師の方が信頼できる
● ヒップホップの服装より、白い作務衣の寿司職人の方が美味しい寿司を握りそう
● Tシャツの営業マンより、スーツの営業マンの方が、仕事ができそうに見える

仮に同じ能力があったとしても、このように思いませんか？
こうした無意識のうちに受け取るイメージのことを「サブリミナル知覚」と言います。

販売の現場では、一瞬一瞬が勝負です。
出会った瞬間、「この店大丈夫か？」とか「この人大丈夫か？」、と、お客さまの不信感を買っていては、販売数が伸びないですよね。

あなたのお店にとって、最も印象が良い服装を考えてみましょう。

服装を考えるとき、お店としてお客さまに安心感や専門性を伝えるには、スタッフ全員で統一感を出すことが最も良い方法です。

例えば、制服をつくることなどもそれにあたります。

もし、お店に制服がない場合は、同じものを身につけることでも統一感を演出できます。エプロン、スカーフ、ピンバッチといったものでも良いでしょう。

ピンバッチは、制服＋αとしても使えます。一見目立たなさそうですが、お客さまは意外と細部まで見ています。

会社のロゴや主力商品のピンバッチを全員がつけることで、さらに統一感を出すことが可能ですし、バッチ1つで、愛社精神や商品への愛着を伝えることができるのです。

例えば、「私も、この商品（会社）が好きなんです」と話したとき、バッジをつけた販売員が言う方が、よりその熱が伝わります。

アパレル店であれば、「全員、同じ革ジャケットを羽織る」「女性は全員プリーツのスカートを履く」など、スタッフ全員でイメージを揃えることも有効です。

外からお店をパッと見てもわかるくらいの「統一感」を出すこと。スーツ着用の職場であれば、シャツの色を揃えてみる、男性のネクタイの色と女性のスカーフの色を揃えてみる、などです。

実際にこうした取り組みをしたアパレル店でお客さまからの印象を聞いてみると、

●他の店と違うので、入店前から目を引く
●統一感があるので、スタッフのチームワークが良さそう
●ブランドとして（お店として）なんとなく信頼できそう
●スタッフ全員がちゃんとしていそう（誠実そう）

といったように、お店全体としての信頼感や団結感、イメージアップにつながるとともに、そのお店に所属している個々のスタッフへの信頼も高まりました。

制服がある場合は、着こなし方を統一する、髪型のイメージを統一することなども非常に重要です。例えば、同じ制服を着ていても、ある方はシャツがズボンの中に入っているけれど、ある方はシャツが外に出ているという状況では、制服という統一感があるだけに「違い」に対して余計な違和感を与えてしまいます。

個性を出すのも大切ですが、それはお客さまに信頼を頂けているという大前提があってのことですし、人と違った格好をすること＝個性とは限らないのです。個性は、内面から出てくるものです。

統一感をもたせてお店としてのブランド力、あなたへの信頼感を高めた上で、本書で紹介しているようなお客さまの心理に刺さる接客で「あなた」という個性を出していきましょう。

「私たちは、専門家です」と口で伝えなくても、イメージで信頼感を与えられるのが、サブリミナル知覚、ぜひ活用してみてください。

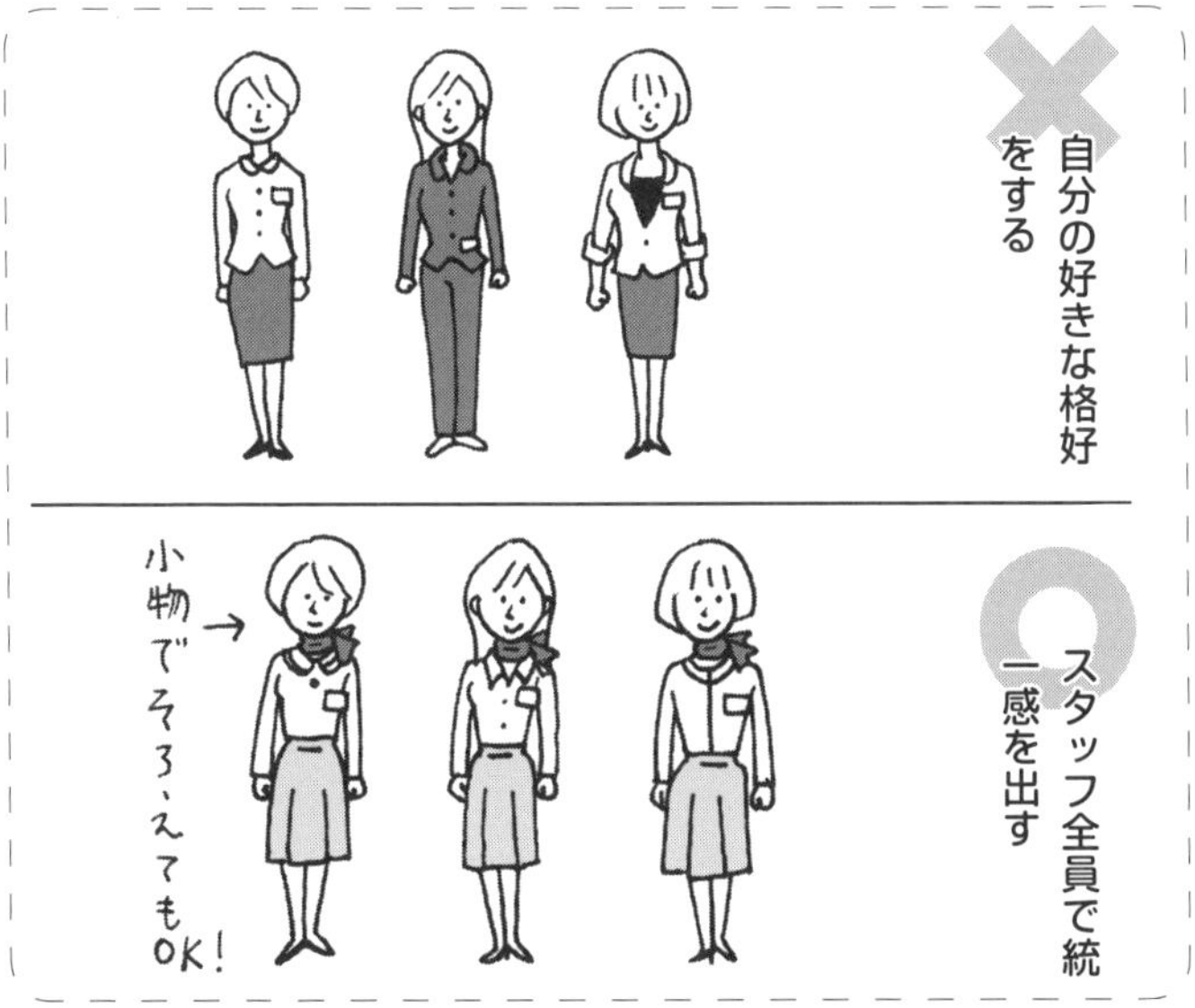
自分の好きな格好をする
スタッフ全員で統一感を出す
小物でそろえてもOK!

22

一度の出会いを5倍濃くする！「ザイアンス効果」

あなたが買い物をするとき、はじめて会った店員さんと、いつも見かける店員さんどちらに声をかけますか？

きっと顔を見たことがある方の店員さんを選んで話しかける方が大半かと思います。

人間には、知らない相手には冷たく攻撃的になり、相手と会えば会うほど好感度が高くなる習性があります。これを「ザイアンス効果（単純接触効果）」と言います。

対象は人間だけでなく、テレビCMなどでよく見かける商品は手にとりやすいのに、全く見たことのない商品は手にとりにくいという心理と同じと考えるとわかりやすいでしょう。

一言でいえば、ザイアンス効果を使った販売テクニックは、できるだけお客さまとの接

触回数を増やしましょう！　ということです。しかし、お店の立地や商品特性上、一度きりしかお会いできないお客さまが多い、という場合にも方法があります。

次の話は、自動車販売店の若手営業マン花田さんが、私のお伝えした内容を実践し、経験されたことです。花田さんは、「やっていることは何も変わらないのに、営業電話ではじめてお礼を言われました！」と、私に話してくださいました。

一見、普通の接客法ですが、あるテクニックをちりばめています。

自動車の購入を検討していたAさんは、インターネットで検索し、欲しい車を取り扱っているお店を見つけました。ホームページを見ると、親切そうな営業マンの方々の写真が載っていたので安心して、Aさんはお店に足を運ぶことにしました。

店頭で迎えてくれたのは、ホームページに載っていた営業マンの花田さん。見たことのある顔で、Aさんは少し安心しました。一通り聞きたいことを聞き終えると、一旦検討することを花田さんにお伝えし、自宅にカタログをもち帰りました。

翌日、カタログを見ようと封筒を開けると、花田さんの名刺がクリップで止めてあります。「ああ、昨日対応してくれた花田さんか」Aさんは、写真つきの名刺を見て思い出します。

2日後。Aさんに1通のハガキが届きました。花田さんからのお礼のハガキでした。名前の横には、顔写真がついています。また1週間後、花田さんからDMが届きました。自動車の紹介にメッセージが添えてあります。「またいつでもご相談くださいませ！」いつもの花田さんの笑顔の写真つきです。

その2日後、花田さんから電話がかかってきました。Aさんが開口一番に伝えた言葉はこうでした。「花田さん、ご丁寧にお礼状までありがとうございます」

数日後、Aさんはお店に再度訪問し、花田さんから自動車を購入することにしました。

おわかりになりましたでしょうか？

一度きりしか会えないお客さまの場合にも有効なのは、ホームページや、名刺、DMにあなたの「顔写真」を入れることです。**DMを出すだけ、ブログを書くだけでも効果はありますが、そこに顔写真が載っているとさらに効果は高くなります。**

フェイスブックやインスタグラムなどのSNSでも、写真を通して相手の顔を見ることができると、頻繁に会っていなくてもいつもつながっているように感じたり、親しみを感じたりするのは、まさにこのザイアンス効果が働いています。

　花田さんがAさんと会ったのは一度だけでしたが、顔写真を通して、Aさんは花田さんと5回会ったようなイメージをもったのです。

　お礼状やDMなどを出している方は、さらに効果を高めるために、ぜひ顔写真を加えてみてください。

　お客さまがあなたの顔と名前を覚え、親近感をもち、ファンになってくださるチャンスです！

✕ ホームページや名刺、DMに名前しか書かない

○ お客さまが見るツールすべてに、顔写真を入れる

23

待ち時間のストレスを軽減する「時間知覚」

私がアパレル店で働いていたとき、私のミスでお客さまを怒らせてしまい、お客さまがお帰りになってしまったことがあります。

ご要望をお聞きしながら時間をかけて接客し、高額のウールタイツを2足お求め頂いたときのことです。「1足は娘さんにプレゼントしたいので新品を用意してほしい」とご要望を頂き、私はバックヤードへ在庫を探しに行きました。

そのとき、私はお客さまに「すぐ探して参りますので、少々お時間頂けますか？」とお伝えして、売り場を離れました。

バックヤードが遠いので走って移動したものの、6、7分かかりお店に戻りました。お客さまの姿はそこになく、まわりのお店にも探しに行きましたが、見あたりませんでした。それからしばらくお店でお待ちしましたが、結局そのお客さまが戻られることはありませんでした。

もしかすると、急なご用事ができただけなのかもしれません。しかし今でも、あのときのことを思い出すと、せっかく娘さんにプレゼントするほど良い商品に出会えたのに、私のせいでその機会を逃してしまったのだと悔いが残ります。

私がこの出来事で学んだのは、**「すぐ」「少々」といったあいまいな時間をお客さまにお伝えしてはいけない**ということです。

私にとっての「少々」とは5分〜6分のイメージでしたが、お客さまにとっては1分なのか10分なのか、ただただ見通しが立たない待ち時間でした。いつになったら戻ってくるかわからないのに、ただ待たされ続ける。そんな状況を、自分にあてはめたらとても嫌なことです。

あのとき私が「バックヤードまで商品をとりに参ります。少し遠いので、6、7分ほどかかりますが、お待ち頂けますか?」と具体的にお伝えしていれば、お客さまはイライラと待つことなく他のお店や商品をご覧になったり、後ほどご来店くださったりと選択肢が広がったかもしれません。

あいまいな言葉は、お客さまの大切な時間を奪ってしまっていることと同じだと、このとき気づきました。

それから私は「すぐに」、「後ほど」、「少々」といった言葉は、具体的に何分か、お時間をお伝えするように変えました。

また、その時間に遅れそうな場合は、必ず一旦戻って状況を次のように説明するようにしました。

「ただいま、お探ししております。データ上は在庫がございますが、まだ現物を見つけられておりません、再度お探しいたしますので、あと7、8分お時間頂いてお探ししてもよろしいでしょうか？」

こうしてこまめにお客さまに状況報告をさせて頂くようにしてから、あるときお客さまから**「細やかに気遣いしてくれるから、とっても大切にされている感じがする」とお褒めの言葉を頂いたことがあります**。何か特別なことをしたわけではないけれども、お客さまを大切にする気持ちはきちんと伝わるのだな、ととても嬉しくなりました。

ちなみに、心理学では、人によって時間の長さの感じ方が異なることを、「時間知覚」

と言います。

千葉大学の一川誠准教授は、4～85歳の約3500人に、自分が「3分」と感じた時点でボタンを押す実験をしました。その結果、同じ「3分」でも、若い方ほど早く感じ、年齢を重ねるほどゆっくり感じる、ということがわかっています。

人によって、時間の感じ方はまちまちです。

お客さまの時間を奪わないために、お待たせするときは、具体的な時間をお伝えしましょう。

✕「すぐに」といった曖昧な言葉を使う

○「5分ほど」と具体的な時間をお伝えする

Column

色彩心理を服装に取り入れるには？

私たちの誰でも簡単に色彩心理を取り入れられるのは、服装や持ち物の色を目的にあわせて意図的に選ぶことです。ここでは、代表的な色のもつ「色彩心理」についてご紹介しますので、11項「イメージコントロール」とあわせて、参考にしてみてください。

【色のもつ効果】

色	心理イメージ		使ったときの効果／相手の印象など
	ポジティブ	ネガティブ	
赤	情熱、購買意欲	攻撃的、気が強そう	勝負強い色。初対面で着ると印象に強く残る
ピンク	優しさ、女性らしさ	頼りなさそう、不安定	周囲を優しい気持ちにする
オレンジ	元気さ、快活さ	派手好き、うるさそう	社交的な印象を演出
黄	明るさ、親しみやすさ	子供っぽい、派手好き	仲良くなりたいとき。堅実な人には好かれない場合も
緑	安心感、安らぎ、平和	保守的、受動的	周囲の人と調和をとりたいとき
黒	信頼感、重厚感	堅苦しい、怖そう	硬さやプロフェッショナブル感を演出
白	純粋、無垢、清潔感	完璧主義、冷たい	冷たく見えるため初対面では控える
青	誠実さ、真摯さ、知的	男性的すぎる	気持ちを落ち着かせる
グレー	控えめさ、慎ましさ	優柔不断、影が薄い	お詫びはダークグレー。オシャレな印象も
紫	個性的、ミステリアス	二面性、孤独、不安定	想像力を高める。心身の疲れへの癒し効果も
茶	落ち着き、伝統的	頑固そう、退屈、地味	緊張を和らげる効果

Chapter4

トーク編

24

聞き方1つで信頼される「バックトラッキング法」

例えば、次の2人のお医者さまだと、あなたはどちらのお医者さまを信用できますか?

医者Aの場合

有村「3日ほど前から熱っぽくて……お腹も痛くなってきて……」
医者A「そうなんですか……ええ……」
有村「頭痛もするんです」
医者A「おそらく風邪でしょう。診てみましょう」

医者Bの場合

有村「3日ほど前から熱っぽくて……」
医者B「なるほど、3日前から発熱していると(カルテに記入)」

有村「腹痛までしてきたんです」
医者B「腹痛もしてきた（カルテに記入）。いつごろからですか？」
有村「昨日からです」
医者B「昨日から、と（カルテに記入）」
医者B「おそらく風邪でしょう。診てみましょう」

おそらく、Bのお医者さまの方が信頼できると感じたのではありませんか？

相手の悩みやニーズなど、お聞きした内容を「繰り返す」ことでお客さまの信頼を得る方法を「バックトラッキング法」と言います。

といっても、いわゆる「オウム返し」をするだけではありませんので説明しましょう。

そもそも、お医者さまの例を出したのは、販売員に「お客さまにとってのお医者さまのような存在でもあってほしい」と思っているからです。

「はじめに」でもお伝えした通り、**私たちの仕事は、ものを売ることではありません。本当に売っているのは、商品によって得られる、お客さまの心身の豊かさや幸せです。**

● 洋服であれば、「もっと格好よく、オシャレに、きれいに見てもらいたい」

●結婚指輪なら、「人生で一番喜んでもらえるプレゼントをしたい」
●住宅であれば、「今までより、便利で快適な生活を送りたい」

こうした悩みやニーズを解決して差し上げることが、販売の仕事だと私は思うのです。

そのために、私たちはお客さまの悩みやニーズを引き出さなくてはならないし、接客行動の中でお客さまへ想いを伝えなくてはいけません。

バックトラッキング法はそのための1つの武器だと思ってください。

私の研修では、**お客さまの言葉を繰り返すのと一緒に、「必ずカルテをとってください」**とお伝えしています。これ、すごく重要です。

カルテと言っても、メモ帳でOK。とにかく、目の前でお医者さまがカルテを書いているかのように、お客さまからお聞きしたことを書きとめ、その姿を見てもらうことです。

たったそれだけで、その姿を見ているお客さまは安心感が倍増しますし、データをパソコンに残せば次回ご来店時に見ることも、店内で共有することもできます。

私の研修を受講された家具店の販売スタッフ大坪さんは、カルテをとるようになって、半年で売上が1・6倍になったと教えてくださいました。

お客さまから、「しっかり聞いてくれているから安心」、「何度も同じことを言わなくて良いから通いたくなる」といった言葉をもらえて、リピーターが増えた結果だそうです。

今までそんなことやったことないし、まわりもやってないし……不自然だなぁ、と思われるかもしれません。

だからこそやる意味があるのです！

他の人がやっていないからこそ、「この人は他のスタッフと違う。信用できる」と思ってもらえるわけです。

さあ、今すぐポケットサイズのメモ帳を買いに行きましょう！

お客さまのお話を聞き流す
ほしいのは〜のために〜する道具で
そ〜うなんですね
お客さまの話を復唱し、紙に書く姿を見せる
ほしいのは〜のために〜する道具で
ちゃんと聞いてくれてるなぁ
〜のために〜する

25

デメリットこそお客さまの信頼を頂くカギ
「両面提示」

私が靴下の専門店で販売員をしていたとき、お店の売上の柱となっていたのは、私が売っていた1足4800円の、しかもレインボー柄の派手なタイツでした。

「えっ、1足4800円のタイツ!? それって高くない!?」

と思われたかもしれません。普通靴下というと、3足1000円ぐらいのイメージで1足300円程度ですよね。ハイグレードなものでも1足1000円程度です。

靴下の中で4800円となると破格の高額格商品です。それにも関わらず、私は主力商品として売っていました。

そんな私が、お客さまとお話しする上で一番大切にしていたことが「両面提示」です。両面提示とは、**商品の「メリット・デメリットの両面」を伝えることです**。一方、メリットばかりを伝えてしまうことを、「片面提示」と言います。

では、お客さまとの会話を例にとってみましょう。まずはよくある「片面提示」の接客の場合です。

メリットだけ伝える片面提示の場合

店員「こちらのタイツ、とても売れていて、オススメですよ」
お客さま「そうなんですねぇ（うーん、でもちょっと派手だなぁ）」
店員「デザインが凝っているんですよ。個性的で可愛くないですか？」
お客さま「そうですねぇ、確かに凝っていますね（私には派手だけど）」
店員「お客さまでしたらとてもよくお似合いになると思いますよ。良かったら試着されますか？」
お客さま「今のところ大丈夫かな。ありがとうございます（そのまま店を立ち去る）」

このように、心にあるデメリットが解消されないまま、どんどん商品を勧められると、お客さまには「むむっ……ただ売ろうとしてるよね？」という気持ちが芽生えてしまいます。

では、先ほどの会話に「両面提示」を使ってみましょう。

デメリットも伝える両面提示の場合

有村「こちらのタイツ、とても売れていて、オススメですよ」
お客さま「そうなんですねぇ（うーん、でもちょっと派手だなぁ）」
有村「少し、デザインが派手だなぁと思われませんか？　他のお客さまからもよく言われるんですよ」（デメリットの提示）
お客さま「そうですねぇ、ちょっと私には派手かなぁって思っていたんです」
有村「ありがとうございます。派手ですよね。実はそこがポイントなんです！　一見すると派手なのであわせるのが難しそうなのですが、シンプルなワンピースとコーディネートすると、オシャレに着こなせるんですよ」（デメリットのメリット化）

このように、お客さまは、自分が考えているデメリット（派手だなぁ）を店員さんが出してくれると、「わかっているのだな」と、安心します。そして、そのデメリットが実はメリットの裏返しだ（派手だからこそ、オシャレに見える）とわかると、商品に興味をもってくださるわけです。

また、デメリットをお伝えしたあとに聞くメリットは、コントラストがついてより強く感じるという効果（32項 コントラスト効果）もあります。

どんな商品にもデメリットがあります。

お客さまはとても鋭い目をもっているので、デメリットは隠さずにお伝えする。その上で、そのデメリットをポジティブに変えて伝える。

つまり、お客さまの不安な気持ちを1つひとつ取り除くことが、お客さまに心地良く買い物を楽しんで頂くことにつながるのです。

× 商品のデメリットはひたすら隠し通す
かわいいです
オススメです
お似合いです
○ 商品のデメリットと、裏返しのメリットを感じてもらう
派手
だからオシャレです

26

お客さまのタイプはたったの3つ「VAK理論」

私が靴下の店舗で働いていたころ、ありがたいことにたくさんのリピーターのお客さまがいらっしゃる一方で、何度接客しても苦手……と感じるお客さまがいらっしゃいました。それは、「商品の情報をとにかく詳しくお聞きになるお客さま」です。

「この素材はどんな材質でできているの？」「工場はどこ？」「いつから販売している商品なの？」など、とにかくいろいろな角度から情報収集をされるのです。

私はこうしたお客さまに出会ったとき「それって商品の見た目と関係あるんですか？」「見た目が気に入れば、そんなことまで知る必要ありますか？」とまで思っていました。

もし私があのころの自分に出会えるなら、一番に伝えたいこと、それがこのVAK理論です。

VAK*とは、人間の五感と呼ばれる感覚のうち、特に重要な役割を担っている、「視覚」、

「聴覚」、「体感覚」の3つの感覚のことで、すべての人間はこの三感覚のどれか1つが優先的に働くクセがあります。

トップ販売員の方は、相手のタイプを瞬時に判断し、その人にあわせておすすめポイントや伝え方を変えるのがとても上手です。

それを誰でも使える状態にしてくれるのが、このVAK理論です。

お客さまが商品を選ぶときは、まさにこの3つの感覚を使って判断するのですが、必ずどれかの1つの感覚が、特に優先的に働き、その感覚を通して商品を選んでいきます。

例えば、洋服を選ぶとき、

- デザインや色などの、見た目を重視する人（視覚）
- 製造国や素材などの情報、機能性などを重視する人（聴覚）
- 着心地や肌触りなどの、体で感じる感覚を重視する人（体感覚）

＊アメリカの心理学者によるＮＬＰ理論のひとつ。
英語でVisual、Auditory、Kinestheticの頭文字をとってVAK。

というように、タイプごとに選択ポイント、重視ポイントが大きく異なります。見た目を大事にする人を、「視覚タイプ」、情報を大事にする人を「聴覚タイプ」、体感覚を大事にする人を「体感覚タイプ」と呼び、私はまとめて「お客さまの3つのタイプ」と呼んでいます。

また、**私たち販売する側にも、同じように3つの感覚の強弱があります**。よくある失敗は、自分の感覚を優先して、お客さまに話をしてしまうこと。私もそうでしたが、視覚タイプの方だと、デザインに寄せた紹介ばかりをしてしまうなどです。

例えば、洋服の販売員の場合、自分がオシャレに興味があるから、ファッション販売に携わりたいと店頭に立っている人が多くいます。こういう方は、たいてい「視覚情報タイプ」で、見た目に美しいものや、カッコイイものが好きなのです。

すると、接客で商品を説明するときに、本人の無意識のうちにデザイン性や色の話を押してしまいます。

「デザインが素敵ですよね」、「この色は限定カラーで……」といった具合です。

ところがお客さまが、聴覚情報タイプの場合、デザインはさることながら、機能性や利便性を重視します。

この服は、「通気性が良いのかな?」「丈夫なのかな?」といった心配をもちます。

そのため、冒頭でお伝えしたような、販売員としては「伝わらない!」お客さまとしては「意味がわからない!」というコミュニケーションの相違が生まれてしまうのですね。

次の項では、あなたやお客さまのタイプの見抜き方、そして「VAK」それぞれにあわせた具体的なアプローチ法を紹介します。

× よくわからないお客さまがいる

○ お客さまのタイプは大きく分けて3つある

27 お客さまの3つの感覚に訴える「VAKアプローチ」

前項で、人間はVAKの3つの感覚をもっており、人それぞれVAKに強弱があることがわかりました。ここでは、お客さまのタイプやあなたのタイプを見極める方法について紹介します。

タイプ判別は、実はとても簡単です。YES or NOで答えられないことを「考えたり、思い出したりする質問」をして、相手の黒目の動きに注目します。

例えば、お客さまに「お忙しそうですね。最近はいつお休みをとられましたか?」と質問して黒目の動きに注目してみてください。

■上（斜め上）を見ている……視覚情報タイプ

■左右（正面）を見ている……聴覚情報タイプ

■下（斜め下）を見ている……体感覚タイプ

とてもシンプルです。

あなたのタイプを知りたい場合は、家族や同僚に「昨日の晩御飯は何？」といった質問をしてもらい、考えているときの目線をチェックしてみましょう。

スタッフの方同士で練習してみると、お互いにわかりあえるので楽しいですよ！

そして、3つのタイプそれぞれが大事に考えることは、次のような内容です。

視覚タイプ

デザイン性、色彩、見た目の美しさ。サービスやかたちがないものを販売する場合は、イラストや図解、色で分類など、視覚化されたものが理解しやすい。オシャレな人や目立つファッションの方に多い。

聴覚タイプ

製造方法など、具体的な理論や、統計、根拠、こだわりなど。理屈っぽい人や、うんちくが好きな人が多い。数値化されたもの、金額や割合などの具体的な数字を示すと理解しやすい。情報が少ないと納得できないので詳細情報を添付すると良い。

体感覚タイプ

触れる、座る、もつ、現場に行くなど、直接体で触れること。「シュッとした」、「ぴったりフィットする」、「スーッと走る」など、体の感覚やフィーリングで感じる感覚を言葉にすると理解しやすい。直感でものごとを決める人が多い。

あなたの考えや行動とマッチしていましたか？

前項でもお伝えした通り、お客さまに「伝わらない」理由は、お客さまと自分のタイプが異なる場合です。**あなた自身のタイプではなく、相手のタイプにあわせてお話しすると、お客さまにより強く早く伝わるようになります。**

もし、「タイプを知るなんて、難しい」「間違ったら困る」という場合も大丈夫です。あなたは、もう3つのタイプを知っていますから、3タイプすべての方に伝わるように気を配ることからはじめてみましょう。お客さまに、「見える」、「触れる」機会をなるべくつくり、「商品の情報」を覚えて話してみることです。

洋服のように、デザインを大事にしている商品を扱っているのであれば、商品知識や理論をより深く身につけましょう。

サービスや保険商品などのように、目に見えないものを販売しているのであれば、図解化やイラスト化など、視覚化された資料を準備しましょう。

インテリアであれば、サンプルだけでなく実物を体感できる場にお客さまをお連れしましょう。

100人のお客さまがいても、ポイントはたったの3つです。ぜひマスターしてくださいね！

自分の良いと思うアピールポイントを伝える
とにかくあわせやすい！
視覚・聴覚・体感覚のアピールポイントを考えておく
ぴったりフィットする
綿100%
日本製
シンプルだけどアクセントがあってオシャレ

28

お客さまの褒め方はＶＡＫにあわせて！「ＶＡＫ褒め」

お客さまに喜んでもらいたくて褒めようと思っても、どのポイントを褒めたら良いのか迷うことがあるかもしれません。

私も接客を受けているとき、服や髪型を褒めてもらったりすることがあります。

なんとなく「お世辞かな？」と感じる場合と、「お世辞とわかっていても嬉しい！」となんだかこちらが照れくさくなってしまうほど、嬉しくなるという経験があります。

この違いは、一体どこから生まれるのでしょうか？

そんなとき、ぜひ参考にして頂きたいのは、これまでお伝えしてきた「ＶＡＫ理論」です。

例えば、体感覚のお客さまが、着心地で自分の洋服を選んでいるとしましょう。

それなのに、デザインや見た目を褒めても、お客さまとしては興味が強いわけではないので、そんなに嬉しいとは思えないわけです。

褒め方もVAKアプローチと同じように、相手のタイプを理解し、そのタイプの方にあわせて褒めてあげると一段とグッとくる伝え方ができます。

はじめてのお客さまだから難しい、という場合でも、タイプにあわせて褒めれば「出会ったばかりなのによくわかってくれている」という印象をもって頂けます。

視覚タイプへの褒め方

視覚タイプの方は、洋服を選ばれる際に、外見やデザインを大切にしています。そのため、その部分に気づいてくれる人には好感をもちやすくなります。

「素敵なデザインのネクタイですね」

「絶妙な色合いの靴を履かれていますね」

というように、外見やデザイン性について褒めて差し上げると効果的です。

聴覚タイプの方の褒め方

聴覚タイプの方は、機能性を重視される方もいれば、こだわりのブランド品など、本物指向の方もいらっしゃいます。そこで、どのような持ち物や服装をしているか、まず観察してみましょう。例えば、外ポケットが多いカバンをもっていたら、機能性重視の方でしょう。シャツやネクタイにブランドのロゴが入っていたら、ブランドが好きな人だとわかります。

「○○ブランドがお好きなんですね。こだわりをお持ちなんですね」

「効率的にお仕事されていることが伝わってくる、機能的なバッグをおもちですね」

というように、ブランドや機能性・お仕事の効率などについて褒めると心に響きます。

体感覚タイプの方への褒め方

体感覚タイプの方は、「雰囲気」という「言葉」や「感じ」といった言葉をよく使われます。

そこで、

「すごく、肌触りが良さそうなシャツを着られていますね」

「身だしなみがスッキリと爽やかで良い感じですね」

といった感覚的な褒め方をすると良いですよ。体感覚タイプの方は、具体性がなくても雰囲気や感じ、スッキリ、パッとした、などの言葉がとても嬉しいのです。

VAK褒めを使いこなすコツは、たった1つです。あなたがいつも使っている褒め方に一言くっつけるだけ。

例えば、「お似合いですね」とよく言っているのであれば、「デザインが素敵で（V）、お似合いですね」とか、「すっきり爽やかで（K）お似合いですね」といった具合です。

難しく考えず、今のあなたに一言だけプラス！

ぜひ今日から使ってみましょう。

✕ とりあえず褒めておけば喜んでもらえる
素敵ですね！
素敵ですね！
○ 相手のタイプにあわせて「褒め方」を工夫する
③体感覚タイプ
○スッキリ！
○爽やか!!
②聴覚タイプ
○ブランド
○こだわり
①視覚タイプ
○デザイン
○色彩

29

男女別、シンプルな伝え方の極意！
「男の権威・女の外見」

男女の価値観の違いについては、お仕事でもプライベートでも誰でも一度は悩んだことがあるかもしれません。私も夫と一緒に生活しはじめたころ、「じゃがいもの皮の剥き方」1つで大喧嘩になったことがあります（笑）。

女性だから、男性だから、といってひとくくりにして分類できるほど人間は単純ではありませんが、価値観の違いからその傾向を探ることはできます。

ここでは、男女それぞれがどんなことに強い興味を示し、反応するのかという傾向をお伝えしたいと思います。

接客だけでなく、スタッフ同士、上司部下の関係、プライベートなど、ぜひ、あなた自身の経験にあてはめて考えてみてください。

一般的には、男性は仕事や経済力といった「社会的な地位・評価」に関わる部分に強い

興味があります。ですので、商品をオススメするときやお客さまを褒めるときなどは、その点を踏まえてあげると効果的です。

一方、**女性は、ファッションやヘアスタイル、メイクなど、外見に関わる部分を褒められると無条件に嬉しくなる**ことが多いと言われています。

商品をオススメするときも、お客さまを褒めるときも、その言い方や伝え方を変えるとグッと商品の価値が伝わりやすくなります。

例えば、素敵な時計をしているお客さまがいらっしゃったとします。

「素敵な時計をしていらっしゃいますね。オシャレですね」

といった褒め方が一般的でしょう。

そこに、男女の違いを加えて表現してみます。

男性のお客さまには、

「素敵な時計ですね。秒単位でお仕事をこなしていらっしゃる感じで、カッコイイです」

女性のお客さまには、

「オシャレで可愛らしい時計ですね。○○さんの雰囲気にも、洋服にもとてもお似合いで素敵です」

もし、このお声かけを男女反対にしたら、多くの方が嬉しいとは思えなくなってしまうのではないでしょうか？

トップ販売員の方は、「相手にあわせて褒めること」が上手な方がとても多いと実感しています。異性の感覚をよく理解されていらっしゃるのでしょう。

ただし、男性でも、女性の感覚をもつ方もいますし、その逆もあります。

まず、自分自身が女性・男性どちらの感覚に近いのか少し考えてみると良いでしょう。どちらかに偏っているなぁと気づくことが最初の一歩です。

もし男性の感覚が難しいと思えば、「バリバリお仕事できそうですね」など、一言だけトークを決めて練習してみましょう。男性スタッフや友人に「褒められて嬉しかったこと」を聞いてみることもとても勉強になりますよ。

本書でお伝えしている「商品がお客さまの生活をどのように良くするかという未来を、お客さまと一緒に描いてください」という考え方を、男女別の接客でも使ってみましょう。

男性が身につけるアイテムは、10代〜20代の方の場合「モテる」「オシャレ」といった基準で選ぶ傾向があります。

20代後半〜30代、40代と年齢層が上がるにつれて、仕事力、権威、経済力の象徴となるようにアイテムを選ぶ傾向が強くなります。

女性の場合は、商品の向こう側に、周囲の人との「共感」や「コミュニケーション」を求めている傾向が強いです。

そのため、服装などのファッション性が高いことや、共感性が高いことを軸にお話を進めると喜んで頂きやすいです。

×
男女の差はあまり考えない
素敵です！
素敵です！
○
男女の考え方の違いを知り、伝え方を変えていく
より信頼感がでます！
可愛らしいです！

30 「みんなの声」で信用倍増！「社会的証明の原理」

あなたは、もしコンビニで次の２つの商品が並んでいたら、どちらを買いたいと思いますか？

Ａ：１本１００円の天然水

Ｂ：２００万本突破！ １本１００円の天然水。

たった１００円の水だとしても、どちらか選ぶなら「売れているみたいだし、Ｂの方が安心」と思えるＢが良いな、と思う方が多いと思います。

私たちは、何かを購入しようとするとき、同時に「失敗したくない」という気持ちが強く働きます。

だからこそ、世の中ですでに多くの人に売れているものや、口コミサイトで評価が高いものが信頼されやすくなるわけですね。

こうした「皆が使っている、知っているものならば安心できる」という人間の心理を「社会的証明の原理」と言います。

販売の現場で考えてみましょう。最強の活用法は、「お客さまの声」そのものをお伝えすることです。

例えば、私のクライアントのタイヤ販売店では、次のような接客トークをしています。

活用前「このタイヤは、とても静音性能が優れていて、走行が静かです」

活用後「このタイヤを装着されたお客さまが『今まで高速道路ではうるさくてクラシック音楽が台無しだったけど、このタイヤに変えてから楽しめるようになったよ！』とおっしゃっていましたよ」

スタッフが「このタイヤはとても音が静かです！」と伝えるよりも、実際のお客さまの声の方がリアルで静かさが伝わってきます。

今考えると、リピートのお客さまづくりに、とても重要だったと思うことがあります。

実際に私が販売員のときは、お客さまのご購入時に必ず次のようにお伝えしていました。

「ぜひ、ご使用になられたご感想をお聞かせください！　もし使いづらいなど、あまり良くないご意見でも、何もお気になさらずおっしゃってください！」

このようにお伝えすると、全員ではありませんが、本当に感想を言いにお越しくださったり、別の用事のついでなどに立ち寄ってくださったりする方が増えました。

例えば、「思ったより派手にならなくて使いやすかったです」、「友人に可愛いね！って褒められました」、「どこで買ったの？って聞かれました！」などです。

ポジティブなご意見は、そのまま次のお客さまのセールストークに活かせますし、感想をくださったお客さまは満足感を言葉にすることでさらに商品を好きになってくれます。

もちろん、ポジティブなご意見だけでなく、ネガティブなご意見をくださる場合もありました。

「自分の服にあわせて着こなすのが難しくて、実は全然履けていないんです」

そのような場合は、今おもちの洋服をお聞きして具体的なコーディネート法をお伝えしたり、場合によっては洋服をおもち頂いたりしてコーディネート提案をしていました。

このように、お客さまの不満を解消して満足につながるよう、購入後のフォローをしていたら、お店と私の根強いファンになって頂けたのです。

売れる販売員の方ほど、お客さまの質問に対して、購入後のお客さまの声でお答えできるように、「お客さまの声ストック」を多くもっています。

お客さまの声ストックはすぐに集まるものではないですが、トークに使えるだけでなく、お客さまの声を集めるプロセスそのものが、お店やあなたのファンづくりにつながります。

思いついたらすぐにできることなので、ぜひ取り組んでみてください！

✕ 商品の特徴だけで説明をする
優れた機能性
この商品は機能性がいいですよ
○ 購入後のお客さまの反応を紹介する
お客さまの声
買うまでは不安でしたが使ってみたらすごく素敵で気に入っています
このような声を頂いています

31

名前を呼ぶと心が近づく「存在承認」

私がある百貨店で知人に贈るギフトを買ったときのことです。

クレジットカード決済で署名をしたあとから、「お客さま」ではなく「有村さま」と、私の名前を呼んでくださる販売員の方がいらっしゃいました。

特に印象深い買い物ではなかったのに、それだけで「よく見ていらっしゃるのだな」と、感心させられたのを覚えています。

あなたもすでに接客研修などで「お客さまのお名前を呼びましょう」と言われているかもしれません。

それには、とても重要な意味があります。

ぜひこれからお伝えすることを知っておいてください。

人には、「存在承認の欲求」と呼ばれるものがあります。簡単にいうと、「私」という人間を認めてほしい気持ちがあるということ。

そして、「私」の存在を最も簡単にあらわすものが名前です。**名前を呼ぶことは、たったそれだけで相手の存在を認めていることを伝えられます。**

例えば、「君」とか「あなた」と呼ばれる職場と、「○○さん」と名前で呼ばれる職場では名前で呼んでもらえる方が安心して働けそうですよね。

実は男女関係でも同じことが言えます。カリフォルニア大学のチャールズ・キング博士の研究によると、55組のカップルのうち、お互いに相手の名前を呼びあわないカップルの86％が調査から5カ月以内に破局したそう。カップルでも名前を呼ぶことは大切なのですね。

もし、お客さまのご来店前にご予約データやアンケートでお客さまのお名前がわかるときは、

「○○さま、お待ちしておりました。いらっしゃいませ」

「○○さま、この度はお問い合わせありがとうございます」

と、お会いした瞬間からお名前を呼びかけましょう。会話の中でも同じです。

なるべく「お客さま」のかわりにお名前をお呼びしてください。

お名前がわからない場合は、前述のクレジットカードの署名で確認したり、ポイントカードの発行時にお聞きするのも1つです。

お客さまのお名前をお呼びするようになると、今度はお客さまがあなたのお名前を呼んでくださるようになります。20項でも紹介した「好意の返報性」です。

あなたが「名前を呼ぶ」というプレゼントをすることで、お客さまも返してくださるようになるのです。

いつも「お名前を呼ぶ」という小さなことに気を遣っていると、自然とお客さまのことを観察できるようになるので、他のことにも細やかな気遣いができるようになりますよ。

その結果、お客さまがいつの間にかあなたのファンになってくださるはずです。

もし、「突然お名前を呼ぶのは失礼かも……？」と思われるようでしたら、**「お名前でお呼びしてもよろしいですか？　なるべくお客さまのお名前を大切にしようと考えていまし**

て」と一言添えれば、特別な理由がない限りOKを頂けます。

名前を呼ぶ。シンプルですが、恥ずかしかったり、遠慮したりと意外と難しいことです。

今日から、お客さま1人につき1回だけでも、お名前で呼ぶことを目標にしてみましょう！

32 高額商品が安く見える「コントラスト効果」

「このカーナビは1万円です」そう言われると、高い気もしますし、安い気もしますね。

ところが高性能な5万円のカーナビを先に見せられていろいろと説明を受けたあと、「ちなみに、こちらは1万円のカーナビです」と見せられたらどうですか?

急に1万円のカーナビが安価に思えませんか?

複数の商品を比較することで、値段を安いと感じたり、高いと感じたりする効果があります。この効果のことを「コントラスト効果」と言います。

コントラスト効果を使えば、高額商品を安く見せることができます。実際、トップ販売員は、コントラスト効果を使って、とても上手にお客さまの購入単価をアップさせています。

私のお客さまで、コントラスト効果を販売に活かした事例をご紹介しましょう。

大手家具店で働く岩井さんは、**私からコントラスト効果を学んですぐにお店で実践されて、その約半年後に店舗で売上ナンバーワンになった女性です。**

以前は、来店されたお客さまに、欲しい商品とご予算をお聞きして、フィットしそうな商品を提案していました。例えば、ベッドのマットレスが欲しいというお客さまで、ご予算が５万円程度なら、３万円〜７万円のものをご紹介するといった具合です。

しかし、この理論を学んでからは、お店の「最高級商品を体感して頂く」ことから接客をスタートするようになりました。

例えば、予算が5万円程度のお客さまであっても、最初は50万円の最高級のベッドのマットレスを体験して頂くのです。

すると、最初は「安くて悪くなければいいや」程度にしか思っていなかったお客さまが、「うわぁ、お金があればこんなベッドで寝たいなぁ」と思いはじめるわけです。

一度体感してみると、絶妙なふわふわ感に、お客さまが必ずといって良いほど「えっ⁉ 寝具ってこんなに気持ち良いものなの⁉」と、感動されるそう。

その後、15万円、10万円のベッドを試して頂き、最後に5万円のベッドを試してもらいます。5万円のマットレスでも良い品物ですが、最高級のフカフカベッドを体感したあとでは、物足りなさを感じてしまうのです。

こうして、接客方法を変えた結果、それまでお客さまの平均単価が1桁だったのが、2桁に伸びたそうです。

商品の品質の違いを体でも体感で比較し、価格の上でも50万と5万円を比較して頂くというとても上手な取り組み方です。

「こんな高いもの絶対買わないから、寝転ばなくて良いですよ」とお断り受けたらどうするの？　と思われたかもしれません。

そんなときは、次のように答えるそうです。

「もちろん、ご購入の必要は全くありません。ただ、寝具を選ぶ機会も人生でそうそうあることではありませんので、せっかくの機会ですから、ぜひご体感ください」

「ありがとうございます。ただ、寝具のプロとしては、お客さまに良い睡眠をお届けできる商品をご紹介しないことも失礼だと思っています。ぜひ、一度体感だけでもしてください」

それでも絶対に寝転びません！　というお客さまはあまりいらっしゃらないそうです。

ポイントは、「価格は張るけれど一番自信のある商品」を知って頂くことです。

それから中間商品、安価商品をご紹介しましょう。

ぜひ、あなたの販売でも取り入れてくださいね。

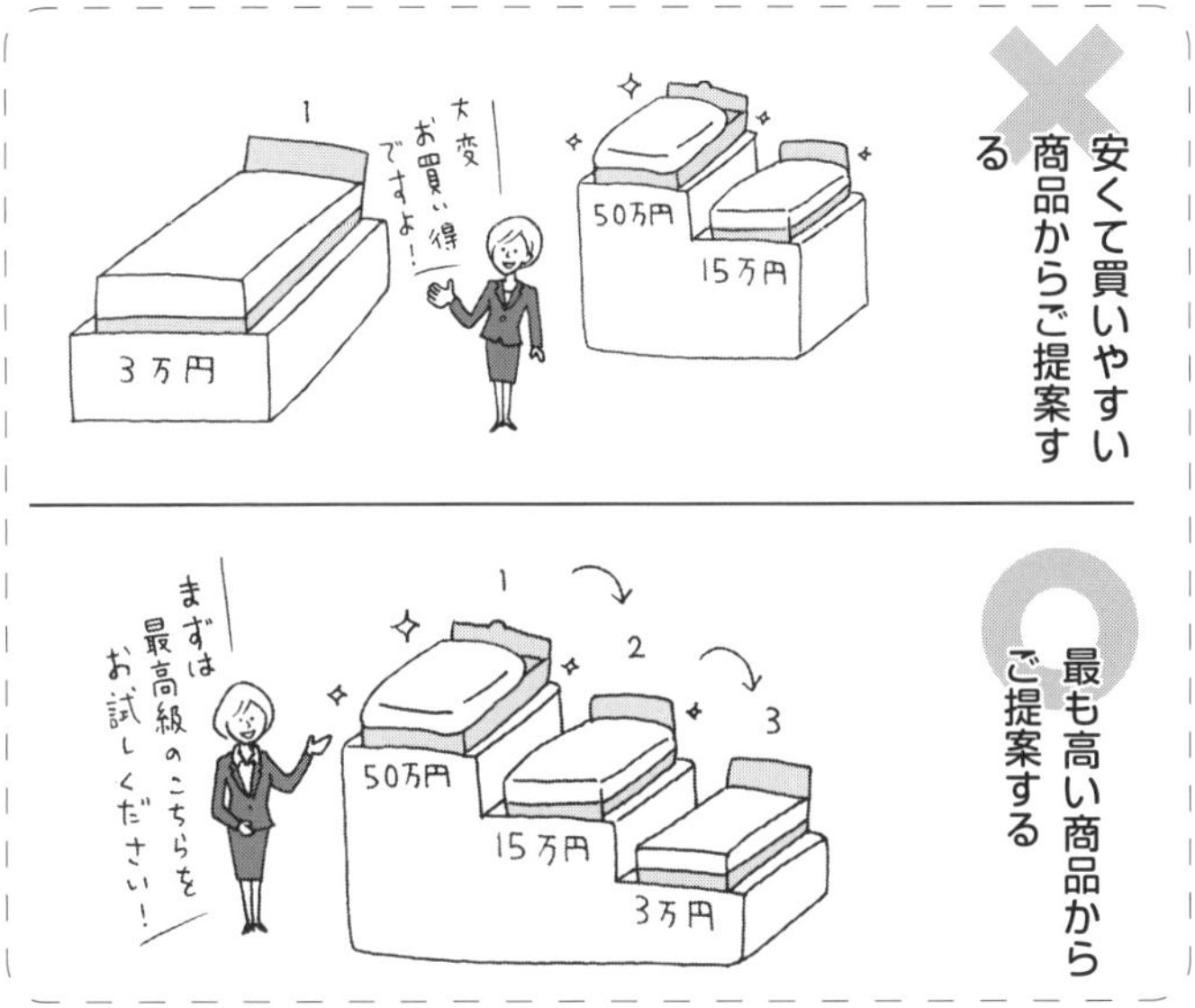
安くて買いやすい商品からご提案する
大変お買い得ですよ！
50万円
15万円
1
3万円
最も高い商品からご提案する
1
2
3
50万円
15万円
3万円
まずは最高級のこちらをお試しください！

33

【閲覧禁止】絶対に読まないでください「カリギュラ効果」

もし、あなたの心に、「今より、もっと売りたい」という気持ちがあるのなら、この章は絶対に読まないでください。


カリギュラ効果をご存知でしょうか?

1980年に制作された映画「カリギュラ」から名づけられた効果です。映画カリギュラは、過激なポルノ内容のため、一部の地域で放映が禁止されたことで、逆に話題になり爆発的ヒットを記録したという伝説の映画です。

つまり、禁止されると、より一層その行為をしたくなる心理を言います。

この本の目次に「閲覧禁止!」とあり、つい何が書かれているのだろうとこのページを開けてしまったあなた。フフフ、引っかかりましたね。

以前、有名な化粧品のCMで「〇〇（化粧品名）は、はじめてのお客さまにはお売りできません」という、キャッチコピーがあり、一世を風靡したことがありました。無料サンプルを請求して使って頂き、効果を体験できたら購入できるというシステムです。

普通ははじめてのお客さまを獲得するためにCMを打つはずなのに、「はじめてだと買えないの!?」と思わせ、「サンプルの品質によほど自信があるのだろう」と消費者に高品質なイメージを見事にもたせたCMでした。

このように、カリギュラ効果を販売に取り入れると、「えっ!?」という驚きとともに、お客さまの心をグッとわしづかみすることができます。

私がお手伝いしているアパレル店で行っている例を紹介します。

「この洋服は、品質も最高です。買わないと損です」と、情熱的に話しても、お客さまは、「売り込まれているのでは……？」と警戒しますよね。

これを、カリギュラ効果を使って言い換えるとこんな感じです。

「数量限定のため、店頭展示が禁止されている洋服があるのですが、ご試着されてみますか？」と言われると、いかがでしょう。えっ、なにそれ？ ちょっと着てみたい！ と興味をそそられますね。

また、ある研修会社では、ホームページから講座の受講の申し込みができないようになっています。

「弊社の講座は、ご新規のお客さまはお断りさせて頂いております、講座の価値をわかってもらえた方にだけ受けて頂きたいので、ご紹介の方のみご受講できます」と説明されるのです。誰でも受講できます！　というよりも、講座の価値が高いイメージが湧きます。

「お断り」や、「禁止」は強い言葉ですから、「ちょっとそこまで強く言うのは難しいな……」と思われる場合もありますね。

そんなとき、**もう少しハードルを下げて、簡単にカリギュラ効果をトークに活かす方法があります。そのキーワードは「だけ」、「しか」を使うことです。**

例えば、私が販売していた靴下の場合であれば、

「足元のオシャレが特に好きな方にだけ、ご紹介している商品です」

保険販売の場合は、次のように紹介すると良いでしょう。

「ご家族に安心を残したいと思うお客さまにしか、販売しません」

このように、「カリギュラ効果」を使えば、簡単にインパクトが強いトークをつくることができます。

あなたが今使っているセールストークに一言つけ加えたり、少し言い回しを変えたりしてみましょう。

✕「この商品本当にいいんですよ！オシャレに見えます」

○「興味がある方にしか、ご紹介していません」

34

お客さまが話しやすくなる質問法「タイムトラベリング」

私の店長時代、女性スタッフが接客するとき、よく次のように話をしていることがありました。

スタッフ「どんな商品をお探しですか？」
お客さま「うーん、とりあえず冬で寒いので、温かいものを探しています」
スタッフ「どんな色を履きたいといった、ご希望はございますか？」
お客さま「そうですねぇ、やっぱり黒が落ち着くかな」
スタッフ「わかりました。では、オススメの黒のタイツをお出ししてきますね」

この会話、一体何が良くないのでしょう？ あなたも一緒に考えてみてください。

実は、多くの場合「コレが欲しい！」「こうなりたい！」といった具体的なイメージが固まっているわけではありません。

もちろん中には欲しいものが明確な方もいますが、そういった方は販売員が接客しなくても買い物が完了するわけで、接客自体があまり必要ないお客さまかもしれません。

多くのお客さまは欲しい商品像が固まっているわけでなく、販売スタッフと一緒に話しているうちにイメージが膨らんだり、理解が深まったりします。


つまり、私たちはお客さまと一緒に「お客さまのことをわかっていく」必要があるのです。


より早く、深くお客さまを知るために大事になってくるのが「聞き方」です。といっても何も難しい話ではないのでご安心を！

よくあるのは、冒頭のようにいきなり「どんな色を履きたい？」といった、お客さまのご希望をお聞きし、「私のオススメ」を紹介するパターンです。

これでは「私のオススメ」が好きだと思う方しかお客さまは買いたいと思えません。

売れる販売員は、「私が好きな商品」よりも「お客さまが欲しい商品」を差し出すのが上手です。同時に、お客さまと一緒に「お客さまが欲しい商品」を探すのも上手な人です。

そのために必要なのが、お客さまにお聞きする「質問の順番」を意識することです。**お客さまへの質問は、現在→過去→未来（希望）でお聞きすること。**

例えば、靴下の販売の場合、

有村「今履いていらっしゃる黒のタイツは、どのように選ばれたんですか？」（現在）

お客さま「最近寒いので、温かいのを履きたくて……、温かいタイツはコレしかないので」

有村「ありがとうございます。今日は寒いので温かいタイツを選ばれたのですね。ちなみに、寒くなる前はどんなタイツをお履きだったんですか？」（過去の質問）

お客さま「秋ごろは、ガラ入りのタイツを履いていましたよ」

有村「柄タイツですか！ オシャレですね！ ちょっと冒険されたかったんですか？」

お客さま「そうなんです。可愛いかなぁと思って」

有村「なるほど、ありがとうございます！ それでしたら、今からは暖かくてオシャレなタイツを履けたら一番良さそうですか？」（未来の質問）

お客さま「そうですね！ そんなタイツってありますか？」

有村「ございますよ！ 今、おもちしますね！」（具体的提案へ）

お客さまにとって、今現在「商品を使っている理由」や「使っていない理由」は、お答えしやすいものです。

また、過去に理由があるはずなので、過去の質問もお答えしやすいでしょう。過去と現在がわかれば、未来像も描きやすくなります。そこで、はじめて具体的な商品のご提案に入っていけるわけですね。

質問は、現在、過去、未来の順番です。ぜひこの順番に気をつけながら、お客さまに質問を投げかけてみてください。

✕
「○○をお探しですか?」
うーん
どんな色をお探しですか?
○
「今お使いの○○の使い心地はどうですか?」
そうですねえ
今お使いのものの使いごこちはどうですか?
現在 :今どう?
過去 :前はどう?
未来 :これからどう?

35

お客さまのNOをYESに変える「イエス・サンクス法」

あるアパレルブランドの販売で、販売スタッフの方のセールストークを良くするお手伝いをしたときのことです。

そのお店は高級ブランドの洋服を扱っていて来客数も多く、スタッフの皆さまも商品知識も豊富でよく勉強なさっていました。にも関わらず、売上が思うように上がらないので、原因を一緒に探してほしいとご依頼を頂いたのです。

そこで、店長さんの接客を実際に見せて頂いたところ、1つの課題が見えてきました。

このお店は、ワンピース1着で7万5千円と高額な商品を扱っています。

ですので、お客さまから「ちょっと高いなぁ」とか、「着られる場面があんまりないな」といった、ネガティブな意見もよく出るのです。

そういったときに、その店長さんはすかさず「そんなことありませんよ、質が良いので長く使って頂けて、最終的には高くないですよ」と言っていました。

お客さまは「そうかなぁ」と言いつつ表情が曇りはじめ、次第にご購入の気持ちが下がっていってしまったのです。

お客さまは「そんなことない」と否定を受けた瞬間から、「買いたい」という気持ちも、販売員への「共感」も急下降します。**お客さまは、「私のことを理解してくれる人」から買いたいと思いますが、「私のことを理解できない人」からは買いたいと思えないもの。**

自分がお客さまの立場だったらと思うと、やっぱりそうですよね。

例えば、「着る場面が少ないかも」と思う商品を買うかどうかで悩んでいるとしましょう。どちらの販売員から買いたいと思いますか？

「一緒にお召しになれる場面を考えましょう」と言ってくれる販売員。

「それはないです。素敵なので、あらゆる場面で着て頂けますよ」と、否定する販売員。

きっと、共感してくれる店員さんの方が「この人はわかってくれる」と思えるのではないでしょうか？

解決策として、その店長さんに私がお伝えしたのは「100％の同意」です。お客さまの言葉には、何があっても、まず「そう思われますよね」と同意して受け止め、「ありがとうございます」とお伝えすることです。

たったこの一言だけで、お客さまには「受け入れてもらえた」と伝わるからです。

その店長さんも今まで使っていなかった言葉に違和感があり、最初は戸惑っていらっしゃいましたが、すぐに慣れてくださいました。

そして実際にお客さまのご購入率も上がり、売上も上がるようになったのです。

心理カウンセリングの技法では、「わかりました。しかし……」と会話を続ける、「イエス・バット法」というものがあります。ただ、「しかし」と続けては、結局相手を否定してしまうので、「ありがとうございます」に置き換えた方法です。

私は、このお客さまのご意見を一旦すべて受け入れる方法を「イエス・サンクス法」と呼んでいます。

「自分がお客さまだったら」と考えると否定されるのは嫌だとわかるのに、なぜかお客さまの前に立つと、つい私たちが否定したくなってしまう……。それは、実はお店や商品にもっと商品の良さを伝えたいという「愛着」や「誇り」をもっているからこそだと私は思っています。
ただし、その愛着や誇りが、お客さまには逆のメッセージとして伝わってしまうこともあることを、ぜひ知っておいてほしいと思います。

お客さまから否定的な意見を頂いたときは、まず「ありがとうございます」と返す。
その一言で、貴重なご意見をくださったことに感謝する気持ちが伝わるのです。

Column

人は皮膚でも色を見ている⁉

この本のカバーの文字は何色で書かれているでしょう？こう聞かれたら、私たちは目で見てピンクだと答えます。これは、目にあるオプシンというたんぱく質が色を感知しているのですが、最近の研究では、「皮膚」にもこの色を感知するオプシンが存在することがわかっています。

つまり、赤い服を着ているだけで（目で見なくても）、血圧や体温が上がったり、青い服を着るだけで、体温が下がり落ち着いたりする、ということが実際に起こるのです。

今日は何となく元気が出ないな……といったときに、肌に触れることの多いインナーに赤やオレンジの暖色系を取り入れると、体が活性化してチカラが湧いてきます。

また逆に、家に帰って休息をとるときは、青などの寒色系の服を着る、寝具を薄い青系や緑系にするだけでリラックス効果をかなり高めることができます。

販売のお仕事では、心のコントロールがとても大切な要素となります。

もう一歩、元気を出したいとき、しっかりと休息をとりたいときなど、色のチカラをうまく活用してみてはいかがでしょうか？

Chapter 5

クロージング 編

36

興味か、拒否か。ひと目でわかる「目線分析」

あなたも販売に携わっていると、もっとお客さまの気持ちがわかればなぁ、と思うことはありませんか？　そのときに、使えるのが「目線分析」です。

目線1つで、相手の気持ちを細かく察することができるのです。

ここでは、販売に今すぐ使える目線分析の方法をお伝えしましょう。

とってもシンプルで、わかりやすい方法です。

注目するのは、「お客さまの黒目」の動きです。

あなたの話に興味があるときは、黒目が「上、正面、下」に動きます（上、正面、下それぞれの場所に留まる場合も含みます）。逆に、あなたの話に興味がないときは、「左右」にチラチラと動くのです。

私がテレビ朝日の「グッド！モーニング」という番組から、元ＳＭＡＰの木村拓哉さんの表情分析のご依頼を頂いたときのことです。

ＳＭＡＰの解散が決定したあと、木村拓哉さんがハワイから帰国されてインタビューに答える映像を見て、本音を読みとるというお仕事です。

分析前の私は、次のように予想していました。

自分がハワイ滞在中に勝手に解散が決まったので、「怒っている」。解散後、芸能活動はどうなるのか、といった「不安」がある、であろうと。

ところが、実際に表情を分析すると、一番強い感情は「悲しみ」でした。解散自体に対してか、不意打ちの状況になったことに対してか、はたまた両方か。どちらにしても、読みとれたのは、「悲しみ」の我慢でした。

そして、もう1つ読みとれたのが、先ほどご紹介した「拒否」。木村さんは、「ファンに一言」と記者に言われたとき、「本当に、ご心配おかけしてすみませんでした……今は、ちょっと複雑です」と話されました。そのとき、目線はまさに、左に行ったり右に行ったり。

「この状況に納得していない」と「拒否」を読みとることができました。

もちろん、あくまで表情分析学として読みとっているので、実際は他の感情をおもちの場合もあるでしょう（表情分析は、「20世紀の傑出した心理学者１００人」の内の1人、アメリカの表情分析の権威ポール・エクマン博士の研究に基づき行っています）。

もし、あなたがお客さまと話しているときに、チラチラと左右を見はじめれば要注意。早々に別の話題に変えたり、お客さまに質問をしたりと、会話の方向性を変える必要があります。

実際に目線分析を学んだ、家電販売の方がこのようにおっしゃっていました。

「商品の説明中に目線が左右に行きはじめたら、『あっ、お客さまこの話、あんまりご興味ないですね？』って言うようにしたんですよ。そしたら、お客さまが『えっ？ 何でわかったの？』って、逆に関心を引けるようになって！ 『実はね、』って、今まで話されていなかった内容も教えてくださることも増えたんです」

「いきなり目線を観察するなんて、ハードルが高い……」と思われる場合は、テレビで芸能人の方を観察することからはじめてみてください。

私の場合、会見やインタビューのときに、記者から質問を受けた人が「どこを見て話しているか」、「質問に答えるときはどうか」と観察しながらトレーニングをしました。

他にも、通勤電車で、座っている乗客の誰が席を立つか予想し、その人の行動を近くで観察する（正解なら席に座れますね）など、観察力を高める方法はたくさんあります。

売れる販売員の方ほど、細かな表情や態度を読みとっています。

相手の気持ちを読みとる力は「センス」ではなく、努力次第で身につけられるものです。

まずはお客さまの表情や態度をよく観察することからはじめましょう！

お客さまの目線に気づかない
この商品すごいんですよ！
キョロ
キョロ
目線を観察してお客さまの気持ちを読みとる
あんまりご興味なかったですね
こちらはいかがでしょう
キョロ
キョロ

37

買う仕草、買わない仕草を見極める「あごなで」

お客さまに商品をご紹介したあと、必ず訪れる瞬間があります。

「これにします！」となるか、「ちょっと検討します……」となるか、運命の瞬間です。

「検討します」の瞬間が訪れる直前に、必ずと言っていいほど出てくる仕草が、あります。「あごなで」です。手（多くの場合は利き手）があごを触り、「考える人」のポーズであごに触っている手がスリスリとあごをなでる仕草です。

商談が一通り終わった段階で、この仕草が出てきたら、お客さまの中で決断の段階に入ってきたことを意味します。

そして、**さらに注目したいのは、この「あごなで」直後の仕草です。**

あごなで後には、現在の購買意欲に関わる仕草が出ると言われています。つまり、購入に対して前向きか、それとも後ろ向きかがわかるということです。
「あごなで」をしたあと、前のめりになったり、もう一度資料を見はじめたり、（座って接客しているならば）かけっこのような姿勢になったりした場合は、「買う理由」を探している可能性が高いです。

セールストークで畳みかけるのではなく、少しの間沈黙して、お客さまの様子を見守りましょう。

「あごなで」のあとに、腕を組んだり、足を組みはじめたり、椅子の背もたれにもたれかけたり、のけぞったりといった仕草が出たら、「買わない理由」を探しはじめたと考えてください。「でも、他の店の方が安いかなぁ」「他にももっといい商品あるかも？」と、ご自分の中で否定的な考えが大きくなりはじめている可能性があります。

もし、こうなった場合は、「何かご不安な点がありますか。よろしければ、今のお考えをお聞かせくださいますか？」と伝えましょう。

お客さまがあなたのことを信頼してくださっていれば、「実はね……他の店で安かったら嫌だなぁって思っていて」「他にもまだ似合う商品があるかも、と思いはじめてしまって……」と、本音を話しはじめてくださるはずです。
本音をお話し頂ければ、あとはお店でできる対応を全力で頑張るだけです。

この「あごなで」までにお客さまとの信頼関係ができている、というのが、本音を話して頂ける必要条件になります。

私もお店に立っているときは、この大事な瞬間に「実はね……」と話して頂けるような工夫をしていました。

私はセールストークやクロージングより、雑談にすごく力を入れていたと思います。

私は、いつもお客さまと雑談して、ときには大きな笑い声も出ていたので、まわりのお店の店員さんから「何してるんだろう……?」という視線を感じることもあったほどです。

接客の前半は商品の話はあまりせず、お客さまとの信頼関係をつくることに全力投下していました。

そして、その雑談の間にも、お客さまの仕草を観察していたのです。

ボディーランゲージの読みとりは、普通に接客していたら断られてしまうようなお客さ

まにも、大変効果的です。お客さまがご自身の判断で「ＮＯ」と決断される前に、本音をお聞きしてできる限りの手をつくせるからです。

読みとって、対応する。読みとって、対応する。

その量の多さが、トップ販売員と普通の販売員の差なのだと思います。

あごなでに気づかずに答えを待つ
じ…
どう断わろう…
5秒前
あごなでを読みとって「買わない理由」に対応する
ご不安な点はございますか？
実は…
5秒前

38

本音はここにあらわれる！ 心を読みとる「ボディーランゲージ」

売れる販売員は観察力が人一倍優れています。お客さまの本音を読みとるために、目線分析と同様に活用して頂きたいのが、「ボディーランゲージ」です。

今まで「何となく」感じていたお客さまの気持ちを具体的に分析することができます。

接客中にお客さまがする「仕草」や「体の姿勢」に注目してみてください。

実はこのポイントには、お客さまの「本音」があらわれています。

私たちにとって、顔はコミュニケーションの入り口です。そのため、不快な気分のときでも、「露骨に顔に気分を出しちゃいけない！」と表情には気をつけることができます。

知らず知らずのうちに、顔に出せなかった気持ちがもれ出てしまうのが体や足なのです。

体の動き

あなたがお客さまと話をしているとき、体の動きを観察してみてください。

もし、体の姿勢が前のめりになったり、後ろに引いたりしていたりと、「前後」の動きをしていたら、あなたの話に興味をもって聞いている証拠です。

反対に、体が横に振れたり傾いていたりしたら、要注意。あなたの話に興味がなかったり、別のことを考えたりされている可能性があります。

私たちは、相手の話にイエスのときはうなずきますし、NOのときは、首を横に振ります。同じ動作を体でしていると考えるとわかりやすいでしょう。

へそ・つまさきの向き

お客さまが、興味があるかどうかは、へそやつま先の向きを見ればわかります。

もしお客さまのへそやつま先が、あなたの方や商品の方を向いていれば、今はあなたの話を聞いているサイン。反対に、あなたや商品から遠ざかる方を向いていれば、できれば早く話を終わらせて立ち去りたいと考えていらっしゃるかもしれません。

つま先は、私たちの脳から一番遠いので、本人も気づかないうちにもっとも本音が出やすい場所だと言われています。本当に帰りたいと思っているときは、部屋のドアの方を向いたりもします。

名古屋のエステサロンのお手伝いをしたときのことです。

エステティシャンの方がお客さまとプランのお話をしている際、何となくお客さまの集中力が切れている感じがしたのでつま先を見ると、両足とも出口の方を向いていたそうです。

そこで、お客さまに「今日はこのあと何かご予定がおありですか？」とお聞きしたところ、苦笑いをしながら「どうしてわかったんですか？ そろそろ仕事に戻らないとなぁと思っていたんです」と話してくださいました。

例えば、カウンター越しにお客さまとお話ししているとき。

接客中によく見かけるのは、お客さまの顔はカウンターに置いてあるカタログや商品を見ているものの、へそと足は完全に横を向いて体がねじれて座っている状態です。

もし、こんな姿をお見かけしたら、一方的に話しすぎたり、興味がない内容を話していたりする可能性が大きいでしょう。

一旦こちらからお話しするのはやめて、「私ばかりお話ししてしまい申し訳ありません。ぜひ、○○さんのお考えをお聞かせください！」とお客さまにボールを投げてみましょう。

人は一度「いりません」「検討します」といった言葉を発すると、なかなか覆すことができなくなってしまいます。

ボディーランゲージ読みとりの素晴らしい点は、お客さまが「NO！」と決断を下す前に本音を察して対策をとれること。

「非言語コミュニケーション」を読みとって、その前に軌道修正をしましょう。

✕ お客さまの足の動きや体の姿勢までは注目しない

○ お客さまの足や体の動きから本音を読みとり接客を変える

39

思わず買っちゃった！を引き出す「ジョハリの窓」

私たちが、販売員に接客してもらい、「買っちゃった！」となるのは、どんなタイミングだと思いますか？　一般消費者としてのあなたの経験を思い返してみてください。

「予想以上に安かった」、「説明を聞いたら、良い商品があった」、「試着したら、思っていたより素敵だった」などなど。

洋服でもお化粧品でも家電製品でも、その販売員の方が思いもよらない素敵な出会いをつくってくれたからではありませんか？

私のイメージコンサルティングの女性クライアントで「ピンク系の色の洋服は絶対自分では買わない」という方がいらっしゃいました。ところが、パーソナルカラー診断（6章コラム参照）をすると、スプリングのピンクが一番似合う色だということがわかりました。

そこで、ピンクのカーディガンとそれにあわせたインナーをコーディネートして差し上げたところ、「新しい自分に出会えたみたいで、ドキドキします」と大変喜んでくださり、さらにはその洋服でデートに行かれ、お付き合いへと発展なさったということがあります。

人は、自分が知らなかった素敵なものと出会えると、はじめにドキッと驚きがあり、次にワクワクして、最後に「欲しいなぁ」と思うわけです。

私たち販売員の仕事とは、お客さまにそうなって頂くことですし、お客さまの新しい人生をつくるお手伝いをすることだと私は考えています。だからこそ、お客さまが自分で気づいていない、お客さま像をご提案すること。衝撃的な出会いをつくることが必要です。

ジョハリの窓をご存知でしょうか？

米心理学者ジョセフ・ルフトとハリー・インガムによると、私たちのこころには、４つの窓があります。

1. 自分も他者も知っている自分（開放の窓）

2. 自分は知らない、他者は知っている自分（盲点の窓）

3. 自分は知っている、他人は知らない自分（秘密の自分）
4. 自分も他人もしらない（未知の窓）

衝動買いは、ジョハリの窓の2番から生まれます。

つまり、お客さまには見えていないお客さま像を、あなたが見せて差し上げることです。

どんな商品でも同じです。

例えば、住宅の場合。新しい家に住むと、今までの暮らしでは想像のできなかった、開放感のあるお風呂や採光の良いリビングでゆったりと紅茶を飲める生活を送られることをイメージしてもらう。

生命保険でも同じ。ご本人が保険に入っていなかったことで気づいていなかったリスクをイメージしてもらい、生命保険で守られたあとの生活もイメージしてもらう。

あなたは、販売する商品の専門家として、いつもお客さまに「新しいお客さま像」を提案することが大切です。お話しする内容、1つひとつ、**すべてをジョハリの窓2番にフォーカスしてください**。新しい自分をイメージしてもらうのです。

「綺麗なお風呂」を紹介するときを考えてみましょう。

ただ「綺麗なお風呂でしょう」と紹介する人と、「綺麗なお風呂ですよね。肩までゆったりお湯に入れてくつろげますよ。体感してみてください」と話す人では、具体的にイメージを湧かせる後者の方が伝わります。

「商品を売る」ことから、「新しいお客さまを提案する」ことに視点を変えるだけで、お客さまはまたあなたと一緒に買い物をするのが楽しみになるはずです。

×商品の特徴だけを詳しく説明する
独特の形状は特許を取得したもので…
○商品を購入したあとの自分をイメージしてもらう
体にフィットするのでとってもくつろげますよ♪

40

高い商品がもっと売りやすくなる「ストーリー・テリング」

高い商品をオススメするのが苦手だ。どうしても安い商品ばかり紹介してしまう。

そんなお悩みをもっていませんか？

でも、ご安心ください。**「ストーリー・テリング」をあなたの接客に取り入れれば、高い商品をオススメするハードルはずっと低くなるはずです。**

ストーリー・テリングとは、「商品への想い・成り立ち」や「開発秘話」など、商品の裏側にあるストーリーを伝えることです。商品は、お客さまが購入して実際に使ってみるまで、本当の価値を感じることができません。

しかし、商品が生まれた背景やこだわりをしっかりお伝えすると、お客さまは商品を使ったあとの良い生活がイメージでき、商品の価値を感じることができるのです。

私の息子が1歳になり歩きはじめたころ、はじめての靴を買おうとお店に行ったときのことです。店内をいろいろ見て、デザインが気に入った次のような2足の靴がありました。

1．ノーブランドのベビーシューズ：2700円

2．有名ブランドA社のベビーシューズ：5400円

小さい子はすぐにサイズがあわなくなるので、可愛ければ安くても良いと思っていました。そこでノーブランドの靴を購入しようとしていたのですが、ふと見たA社のシューズにはこんな説明が書かれていました。

「歩きはじめの赤ちゃんの足は骨が柔らかく変形しやすい。だから私たちは、お子様のはじめての歩行を安心して見守れる正しい靴を提供したいと思っています。数万人の足を研究し、ベストフィットなかたちを追求してできたのがこの靴です」

正直グッときました。大切な子どもの足。その成長を見守り包み込み育んでくれるイメージが湧いてきて、結局私はA社の靴を購入しました。

もしかすると、1のシューズも同じように、こだわって開発されたのかもしれません。しかし、そのストーリーはどこにも見つけることができませんでした。

あなたは、自分の販売している商品について、どこまでストーリーを語ることができま

すか？

もし、商品の成り立ちや想いまでお伝えできていないようでしたら、ぜひ、調べて語れる状態を目指してください。自社や取引先の皆さんが、知恵を絞って一生懸命開発した商品です。そのストーリーを、ぜひお客さまにお届けしてください。

さて、こんなお話をすると、「いろいろこだわってつくっている商品にはストーリーがあるかもしれないけれど、うちにはそんな商品ないよ……」と思われるかもしれません。しかし、どんな商品にも、その商品ができた背景や理由、高額商品ならばその理由、安価な商品であればその理由があるはずです。それを掘り下げてみましょう。

ストーリーは次の３つのステップで考えると見えてきます。

STEP1　なぜ、その商品・サービス・店ができたのか？

STEP2　その商品の一番のこだわりポイントは何？

STEP3　だから、お客さまに提供できるものは何？

A社の靴であれば、

1．骨が柔らかい赤ちゃんの足を変形させたくない
2．数万人の足を研究し、ベストフィットなかたちを研究
3．はじめての歩行を安心して見守れる

といった具合です。
あなただけ、あなたのお店だけ、あなたの商品だけのストーリーは何ですか？
ぜひ、お店の皆で考えてみてください。

✕ 商品の使用方法や、特徴だけを伝える

お子様の足が
かわいく
見えますよ

○ 商品の生まれた背景や想いなど、ストーリーも伝える

お子様の
初めての歩行を
安心して
見守れるよう
開発され…

41

一言でもっと気持ちが伝わる「アイ・メッセージ」

ある家電屋さんで見かけた、洗濯機を買いにきたお客さまと販売員とのやりとりです。

お客さま「古くなってきたし、洗濯機交換しようかなって思って」
販 売 員「そうなんですね。ご希望の商品はありますか？」
お客さま「うーん、まぁ洗えれば良いし、安いので良いかな」
販 売 員「え？ 今は電気代も水道代も安くなるものもありますし、しっかり選んだほうが良いですよ」
お客さま「ふ、ふーん、そう？（怒）わかった。じゃぁ、考えます（立ち去る）」

「しっかり選んだ方が良い」って、うーん、ちょっと言い方が失礼ですね。
「あなたは選ぶ努力が足りない」と言っているようなものですよね。お客さまが帰ってしまう気持ちもわかります。

この販売員の方の伝え方を「ユー（YOU）・メッセージ」と言います。「（あなたは）しっかり選んだ方が良い」というようにあなたを主語にする言い方です。

同じ内容でも、お客さまが気持ち良く話を聞けるのが、この反対の、「アイ（I）・メッセージ」です。「私は嬉しい」、「私は悲しい」といった、私の気持ちを伝える話し方です。

さっそく言い換えてみましょう。

「（あなたは）しっかり選んだ方が良いですよ」

↓

「良いものをお選び頂けると、私も嬉しいです」

どうでしょう、たった一言添えるだけで、批判的な伝わり方から一転、「一緒に選びましょう」という協力の気持ちが伝わりませんか？

私の場合、靴下の販売ではこんな会話をしていました。

お客さま「タイツの色や柄って、デザインがいろいろあって選ぶのが大変ですね」

有　村「そうですよね。お気に入りのデザインと出会って頂けると私も嬉しいです」

お客さま「どうやって選んだら素敵なものと出会えるのかな？」
有　村「ありがとうございます。実は好きな色より〝似合う色〟が大事なんですよ」
お客さま「好きな色じゃなくて、似合う色⁉ それって違うものなの？」
有　村「はい！ 似合う色を身につけるだけで、オシャレ感はグッとアップします」
お客さま「へーそうなんだぁ、私に似合う色ってどんなのかしら？」
有　村「私も一緒にお見立てしますね。お役に立てて嬉しいです」

お客さまとの会話の中で、自分の気持ちをお伝えすることで、一方通行の売り込みから一緒に探してくれる協力者になります。

アイ・メッセージは販売だけでなく、社内コミュニケーションにもとても有効です。
お店や会社内でよくあるのは、上司がスタッフに、「あなたは何度言ったらわかるの！」といった怒りのメッセージを投げつける場面です。これもユー・メッセージです。
アイ・メッセージに言い換えてみましょう。

「あなたは何度言ったらわかるの！」
↓
「3回ぐらいで覚えてくれると（私は）本当に助かるんだけどな」

伝え方が柔らかくなって、一方的に怒ることから、本人の反省を促す伝え方になりましたね。

「私はあなたに心を込めて接していますよ」と一言で伝えられるのが、アイ・メッセージなのです。

「私の気持ち」を添えるだけです！

お客さま、まわりの仲間にぜひ活用してくださいね。

×
（あなたは）○○した方が良いと思います
しっかり選んだ方がよいです
○
○○してくださると私も嬉しいです
いいものを選んでくださると私も嬉しいです

42

「たくさん買っちゃった！」を引き出す「ドア・インザ・フェイス・テクニック」

あるスーツショップに、研修で着るスーツのインナーを見に行ったときのことです。ご案内してくださった店員さんがとても話しやすく、インナーを軸にしたトータルコーディネートで私好みのスタイルをたくさんご紹介してくださいました。

「すべてはいらないなあ……」と思いつつも、最終的にはインナー以外に、ネックレス、スカーフ、靴なども一緒に購入して、予定の3倍ぐらいの金額になっていた！ということがあります。

このように、相手に本当に頼みたいことよりも大きなご提案をして、一度断られてから本当に頼みたいことを伝えるという方法を、「ドア・インザ・フェイス・テクニック」と言います。

本当に頼みたいことをはじめから聞くより、大きな提案と比較してもらう方が、ハードルが低くなります。結果的に、本当に頼みたいことが通りやすくなるのです。

私の場合は靴下店でしたので、５００円～１０００円というお客さまのご予算に対して10倍程度でご提案していました。すると、**最終的にはご予算の3～5倍くらいのご購入につながっていました**。

この方法を使うには、ちょっとしたコツがあります。

それは、通常より大きなご提案をしても不快感を与えないために、お客さまと事前にたくさん「雑談」をしておくことです。

はじめはどんなことでも結構です。お客さまのお仕事や休日の過ごし方をお聞きするなどでも良いです。それを軸に、段々とオススメする商品を絞り込んで行き、好みの傾向を探ります。

お会いしてすぐに大きなご提案をすると「よく知らないくせに」と警戒心をかき立ててしまいますが、しっかりとお客さまの好みの傾向をお聞きして、その上でお客さまの「理想像」にあいそうなご提案をするとうまくいきます。

お客さまは、よく、「○○を探しています」「予算、○○円です」と、おっしゃいます。

しかし実際は、「絶対にこうだ！」と決めているのは、ごく少数の方のみです。

ですので、まず、お客さまが喜ぶ最大限のご提案をして、そこから、必要なものをチョイスするお手伝いをして差し上げましょう。

お客さまがお店に足を運んでくださり、私たちスタッフと会話してくださるのは、「商品が欲しいから」だけではありません。

・目的としている商品の使い方を知りたい
・私のライフスタイルにあうものが知りたい
・他にも私が知らない良い商品があれば教えてほしい

このような目に見えない期待をもってご来店されます。

トップ販売員の方とお話しすると、お客さまに「理想像」をお見せするのがとても上手だなと感じます。

大事なのは「お客さまと一緒に買い物を楽しむ」こと。

「お客さまに素敵になってほしい」

「お客さまの生活をより良いものにしたい！」

このような気持ちでお話ししていれば、お急ぎでない限り喜んでくださいます。

どんな商品でも、お客さまと一緒に買い物を楽しむ、お客さまにとってのベストを考えて差し上げる。

そうした姿勢が、一番お客さまの心に響くのです。

×
ご予算にあわせて控えめにご提案
ご予算
○
ご予算はいったん横において、お客さまにとってのベストをご提案する
ご予算

Column

POPやディスプレイで使う色彩心理

POPやディスプレイに色を使う場合にも、来店してほしいお客さまやその時間帯にたくさん通りがかるお客さまにあわせて、色彩を意図的に変化させてみてください。

(詳しくは、46項：時間別マーケティングをご覧ください。)

また、DMやチラシ、HPに使う配色などはぱっと目に入る情報であるため、その印象がそのまま販売に影響を与えます。

各色のイメージはすでにご紹介したので、ここでは、基本となる色との組み合わせでどう見えるかを、いくつかご紹介します。

【色の組み合わせと印象】

白×ブルー＝透明感・スマート・爽やか

白×ピンク＝甘い・可憐

黒×深い緑＝知的・重みのある

黒×ブルー＝都会的

赤×ピンク＝女性らしい・華やか

赤×オレンジ＝楽しい・子供っぽい

黄×ピンク＝可愛らしい・幼い

緑×オレンジ＝親しみやすさ・カジュアル

緑×白＝爽やか・新鮮

Chapter 6

リピート編

43

紹介獲得！ もっていたら愛着が湧く「保有効果」

あなたはお客さまがご購入されたあと、どれだけその商品のことを覚えていますか？

私たちは、購入される前や購入を決めて頂く瞬間のお客さまの気持ちについてはよく考えをめぐらせ、「お客さまの立場に立って」接客をしています。

しかし、購入を決めてくださったお客さまについては、よっぽど印象の強いお客さまを除いて、お客さまがお店を出て行かれた瞬間に「フッ」と記憶から遠のき、ついつい次のお客さまに意識が向いてしまうなんてことが起きているのではないでしょうか？


しかし、実際に自分がお客さまの立場になってみると、購入した商品が自分に関係するのは「購入したあと」だということに気づきます。

お客さまは、「損を嫌う」傾向がありますが、その気持ちを押してまで購入した商品に対しては、通常以上に愛着が湧く「保有効果」という心理が働きます。

つまり誰でも、一度購入して自分の手元にきた商品のことを、

「自分は良いものを買った」

「これは価格以上の価値があった」

「自分のあのときの決断は決して間違ってはいなかった」

と、肯定的に思いたいのです。


私がお手伝いしている企業のトップ販売員の方のお話を聞くと、お客さまがご購入後に「買ってよかった」と思えるための行動がずば抜けて優れています。

具体的に言うと、
● お客さまごとの購入商品のカルテをつくっている
● 購入した商品がお客さまの生活をどのように変えたかをヒアリングする
● もしも、お客さまから「使い方が難しい」、「うまく使いこなせていない」などの声があれば、お悩みを聞き、それに対してどうすれば良いかを一緒に考えて解決する
ヒアリングの際、「あれ買って良かったわ！　スゴく重宝してる！」などお褒めの言葉を

頂ければ、販売員としてそれはとても嬉しいこと。販売員としての喜びと自信につながります。お客さまにとっては、こうして言葉にすることで、もう一度「あぁ、買ってよかったな」と、商品の良さを再確認することができます。

多くの販売員は、「購入して頂くため」に接客をしており、その後のお客さまの使用状況には一切目を向けない、という方も少なからずいると思います。

だからこそ、**購入後のフォローはお客さまにとっては感動を与えることのできる心遣いであり、お客さまがリピーターになってくださるかどうかの要になるのです。**

また、お客さま自身が「いい買い物をした」「この商品は良かった」と思うことができて、購入後にフォローしてくれる販売員がいるとわかれば、必ず次に「ついつい人に話したくなる」という状況がやってきます。

つまり、「ご紹介」です。

目の前のお客さまに購入頂けても、もしその方の満足度が低かった場合は、真逆のことが起きますよね。

「あそこでは買わない方が良いよ」

「この商品を勧められて買ったけど、結局使いづらくてタンスに眠ってるよ」など、ネガティブな口コミが広がってしまいます。

だからこそ、購入後のフォローとしてヒアリングを行い、ご不満があれば一緒に解決することが大切です。

「1人のお客さまの向こう側には200人のお客さまがいる」とはよく言ったもので、冒頭でご紹介した「10人のファンをつくること」が、実はたくさんのお客さまに支持される販売員になるための、たった1つの方法なのです。

44

また来店したいと思わずにいられない「終末残存効果」

地元のコンビニで飲み物を購入したときのことです。

レジでおつりとレシートを渡してくれた、その男性の店員さんはニッコリ笑ってこんな言葉をくれました。

「今日も、素敵な1日をお過ごしください」

私は、コンビニでそんな言葉をかけられたのははじめてでしたので、「こんなことを言ってくれた！」と、とても爽やかな気持ちになり、すごく感じの良い店員さんだなぁと感心しました。

たった一言で、「またこのお店にきたい！」と心をガシッとつかまれた出来事です。

このお店は、接客は至って普通だったのに、最後の一言が素晴らしかったので、私の中でとても感じが良いお店にランクインしました。

こうした、最後の印象が非常に強い影響力をもつ効果を「終末残存効果」と言います。「終わりよければすべて良し」、なんて言いますよね。

コミュニケーション1つをとっても同じです。

最も簡単な例をお伝えしましょう。店長がAさんとBさんに、「明日から、1人でレジ打ちよろしく頼むね！」と、仕事を任せるとします。

Aさん「失敗するかもしれませんが、頑張ります」

Bさん「頑張りますが、失敗するかもしれません」

とそれぞれ答えました。いかがでしょう？ AさんとBさんでは、印象が全く違うでしょう？ 前者は努力する姿勢が伝わりますが、後者はネガティブな印象になります。

最後の印象が強いのです。

接客で一番最後というと、お客さまをお見送りするときです。

あなたも笑顔で、次のようにお伝えしていると思います。

「ありがとうございました。またのご来店お待ちしております」

私も、お客さまにそうお伝えしていました。

確かに丁寧で素晴らしい挨拶です。ただ、実はここには1つ大きな問題点があります。

それは、どこでも言われていることなので、聞く側も「はいはーい」と、あまり気にとめないということです。

ちょっとここで考えてみてください。

「ご来店お待ちしています」は、誰のために言っているのでしょう?

お客さまのため? それとも自分のため?

よくよく考えてみると、「またのご来店を」という言葉は、お客さまのために言っているように見えて、「またきてね!(それで、できれば買ってね!)」という、お店が主体の言葉なのです。だから、お客さまの心に届かない。

では、冒頭でお伝えした店員さんの「素敵な1日をお過ごしください」はどうでしょう。お客さまに素敵な1日を過ごしてほしい、というお客さまを想う気持ちの言葉ですね。たった一言なのに、受け取る印象は大きく変わります。

お客さまに最後にかける言葉は、「こんな1日だったら嬉しいな」とお客さまが思える

言葉をお伝えしましょう。

例えば、「今日1日幸運がありますように」、「楽しい1日をお過ごしください」、といった具合です。

そうすると、このお店にくると「今日という1日が素敵になりそう」とか、元気がない日でも「なんだか楽しい気分で帰れる」といった印象がつき、自然と足が向くようになります。

お見送りやレジでは、お客さまが嬉しくなるような一言をプレゼントしましょう！

×
「またのご来店をお待ちしております」
またのご来店をお待ちしております
はいはい

○
「今日も1日、素敵な日をお過ごしください」
今日も1日素敵な日をお過ごしください
!

45

クレームからファンを生む「ゲイン効果」

私の友人、西さんの話です。

西さんが「今日すぐにプリンターを使いたい」と思って地元のお店で購入したところ、自宅に持ち帰ったら電源が入りませんでした。

すぐお店にクレームの電話をしたところ、なんとその日のうちにお店の方が自宅まで新しい商品を持参して交換してくださったのです。

西さんは、「また行ってレシートを見せてといった手続きを言われると思っていたのに、ここまでしてくれるとは！　またこのお店で買おう！」と思ったそう。

もし、このプリンターが故障もなく使えていたら、特にこのお店を好きになるきっかけは訪れなかったかもしれませんね。


このように、マイナスイメージがプラスのイメージに変化する際、通常よりも印象が良くなる効果を「ゲイン効果」と言います。

怖そうな外見をしたお兄さんが、電車の中でお年寄りに席を譲っている光景を見たとき「あ、意外といい人だな」と強く印象に残った、なんていう経験もこの「ゲイン効果」が働いています。

お客さまに頂く「クレーム」はあまり好きではない、という方がほとんどかと思います。誰しも怒っている相手の対応をしたいとは思わないですよね。

しかし、実はクレームをくださるお客さまは「怒っている」気持ちの裏側に、お店への期待や信頼があり、愛があるからこそ、その気持ちが裏切られた怒りとしてクレームをしている、ということがほとんどです。

ご連絡をくださらずにお店から離れてしまう「サイレントクレーマー」の方はクレームをくださる方の約十倍と言われます。

「好き」の反対は「無関心」。怒りという感情をもって接してくださっているうちに、ぜひ信頼を回復してしまいましょう。

それでは、愛をもって「クレーム」をしてくださるお客さまに、私たちはどのように対応すれば「ゲイン効果」を発揮することができるでしょうか?

クレーム対応のコツはご存知の通り、「まず謝る」というところからスタートします。こちらの責任の有無に関わらず、お客さまが嫌な思いをしたことには変わらないので、「嫌な思いをさせてしまった」ということに対して、心から「本当に申し訳ございません」とお伝えし、お客さまとの共感と信頼(ラポール)を形成します。

また、23項でも取り上げましたが、販売員とお客さまという立場では「時間感覚」に大きなズレが生じます。

クレームを出していらっしゃるお客さまは、通常以上に時間に対して厳しい感覚をおもちですので、**こちらからお客さまへの回答や対応は、通常の3倍くらいの速さでちょうど良い**、と言えるでしょう。

クレームをくださるお客さまは、対応次第で強力なファンになってくださいます。

普通のお客さまがファンに変わる絶好のタイミングです。

確かに目の前のお客さまも大切ですが、トラブルが起こったときはその旨をお客さまにお伝えして、最優先、最速で対応に取り組むことが大切です。

トラブルに全力で対処してくれるお店は、新しいお客さまにとっても、「あぁ、自分も同じ状況になったら、このように対応してくれるのだな」と信頼することができます。

Column

好きな色と似合う色は、違う？

「パーソナルカラー」という理論をご存知でしょうか。

私たちが服を選ぶとき、目で見て好きな色を選ぶ傾向がありますが、それは必ずしも「似合う色」とは限りません。

パーソナルカラーとは、その人の目、肌、髪などの体を構成している色から、自分に本当に似合う色を見つけるための理論です。日本人でも、それぞれ少しずつ髪も肌も色が違い、人によって似合う色が違うのもこのためです。

赤が似合う、青が似合う、ということではなく、色の濃さや明るさ、黄色に寄っているか、青系に寄っているかなどの軸を元に、春・夏・秋・冬の季節の名前がついた４つのタイプに分類することで、より個々に似合う色を見つけやすくするのが特徴です。

春タイプ：春のように明るく爽やかな色が似合う
夏タイプ：原色に白を混ぜたような明るくエレガントな色が似合う
秋タイプ：アースカラーなどの大人っぽい濃い目の色が似合う
冬タイプ：白黒原色などハッキリしたコントラストのある色が似合う

本来は１～２時間かけて詳細に個人診断をして特定するのですが、以下のサイトで簡単に診断する方法をお伝えしています。

興味のある方は参考にしてみてください。

http://www.personal-color.compass-corp.com

Chapter7

マーケティング編

46

周辺環境を味方につける「時間別マーケティング」

10時に開店、閉店が20時の場合、営業時間は1日10時間。限られた時間しかありません。この中でいかに効率的にお店を魅力的に見せていくか。どうせ同じ時間働くのであれば、できるだけ多くのお客さまにご来店頂きたいですよね。

ほんの少し見せ方の工夫をするだけで、お客さまも購入しやすく、私たちも接客しやすくなる方法の1つに、「時間別マーケティング」があります。

簡単に言うと、1日のお客さまの流れをうまく捉えて販促しようという考え方が「時間別マーケティング」です。

例えば、赤ちゃん連れのママたちは、午前中に買い物や用事を済ませる傾向があります。暑くならないうちに、混みあわないうちに、と考えるからです。一方、20代以上の若手の会社員などは、お仕事帰りに立ち寄るので19時～閉店まで、と変わりますよね。

私の働いていた靴下の販売店では、午前中はママさん向けに、動きやすいデニムレギンスやスニーカーソックスを店頭に置いてPOPで目立たせていました。

午後からは中高生や大学生向けに、流行していたニーハイソックスや網タイツをディスプレイして「細見え足」といったPOPで訴求していました。

たったそれだけのことですが、店頭の商品やPOPをきっかけに、朝はママさん、昼は学生さんのご来店がそれぞれ15％ほど増えました。

今思えば、そのうち約半数の方は購入されていたので、しっかりと効果にあらわれていたなと思います。

また、POPを活用する上では、店の外から店内を見てパッと目に入ってくる色の印象が非常に重要になりますので、色使いのイメージもお伝えしますね。

午前中◎赤ちゃんづれのママ・シニア層

午前中に行動。仲間も多く、コミュニケーションを厚くできると、仲間を集めてくださりやすい。

色使い ベージュ・白・ペールピンク・パステルトーンなどの優しい色使い

ランチタイム◎会社員・OL

お仕事の休憩中や、食事をとる際に、ふらっと立ち寄ってくださる時間。この時間に見た商品を、仕事後にお買い上げくださることもある。

色使い 仕事中は青系統の色に反応しやすい。紺・黒・グレーなどビジネスをイメージさせる色、OL向けならば赤・ベージュなど華やかさもありながら清楚な印象がもてる色使い

15時過ぎ◎学生

学校の授業が終了し、学生の時間がはじまる。楽しい雰囲気、恋心を刺激するような、学生受けするものを目立たせましょう。

色使い 原色系・黄色・水色・ピンク・また、迷彩柄などの奇抜な柄も目を引く

18時以降 ◎ 働く男女全般

仕事後に買い物にきてくださるのが、このお客さま。時間がないので、自分に必要で良いと感じれば、即決しやすい。売れ筋商品、イチオシ商品をアピール。

色使い　売れ筋・トレンドカラー

これ以外にも、お店付近の施設内のイベントや、近くで開催中の映画の終了時間、近くのスーパーマーケットの目玉タイムセールなども要チェックです。

周辺の情報を細かく調べておくと、そのすべてが、あなたと一緒に戦ってくれる武器になります！

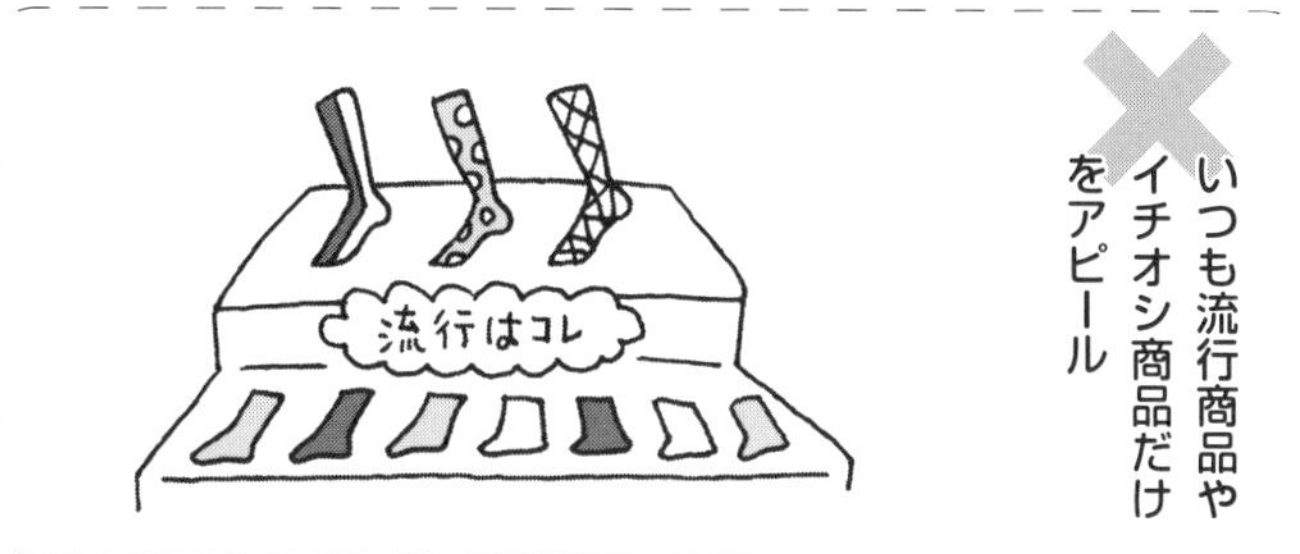
×
いつも流行商品やイチオシ商品だけをアピール
流行はコレ

○
イチオシゾーンを客層と時間にあわせて変える
午前
ランチタイム
15時過ぎ
18時以降

47

“におい”はお買い物脳を刺激する！「フレグランス・マーケティング」

ある女性が私の研修後にこんなことを話してくれました。

「自宅の近くにリラクゼーションサロンが2店舗あって、内装や外装の見た目も同じで金額も同じなのに、なぜか片方のお店の方が好きなんですよね。有村さんの話を聞いて、理由がやっとわかりました。私の好きなお店は、いつもヒノキの匂いがしていたんです！」

この女性の言葉に、「フレグランス・マーケティング」のすべてが詰まっています。

「香り」というと、「気分が良くなる空間の演出」、「高級感の演出」など、売上に直結するというより、お客さまへのサービスとして捉えられることも多いものです。

しかし、香り1つといえ、実はあなどれません。中には売上が4割も増えた事例もあるからです。

ベルギーのハッセルト大学の研究によると、書店の営業中にチョコレートの香りを流したところ、お客さまの滞在時間や手にとる冊数が増え、恋愛小説や食品、飲み物の販売数が、なんと4割増加したのです。

心地良い香りは、リラックス効果や癒し効果ももちろんのこと、「店内の滞在時間の延長」効果や、脳の奥にある「記憶の刺激」をします。

つまり、良い匂いには、お客さまに**「なんとなくこの店が好きだな」「うーん、何か買いたくなっちゃった」と思ってもらう働きがあり、それが実際に売上にも反映される**わけです。

最近はリラグゼーションのような癒しを売る業種でなくても、香りの効果は注目を浴びるようになってきました。

例えば、メルセデス・ベンツやプジョーなど高級自動車販売においては販促の新分野として、「香りの誘惑」が研究されはじめました。

自動車の購入を検討するとき、最初に行うのは試乗です。そして、試乗した瞬間に認識するのは「匂い」だと言われています。なので「悪臭の原因となる物質を車中に使わない」取り組みを行ったり、プジョー社では、車内を心地良い空間にするための「オリジナルフレグランス」を、香水の都南仏グラースの調香師と共同開発もしていたりしています。日本では、トヨタ自動車の高級ブランド「レクサス」も香りの開発に取り組んでいます。例えば、東京のレクサスのショールームカフェ「レクサス・インターセクト」では、岐阜県・飛騨高山のエッセンシャルオイルブランド「Yuica」とオリジナルのアロマオイルを開発しています。お店で出されるおしぼりからは、森の中で深呼吸をしている気持ちになるようなウッディな香りがしてきます。

では、私たちの場合、どのような香りを取り入れたら良いのでしょう?

物販でゼロからフレグランス・マーケティングに取り組むときの**目的は、とにかく居心地の良い空間をつくり、「お客さまの滞在時間を長くする」こと**です。

そのためには、印象が良い香り（一般的には左のような香り）を、ほどよく香る状態をつくること。弱すぎると匂いませんし、強すぎると不快感につながってしまいます。

一般的に印象の良い匂い

● 森林浴を思わせるような「ウッディ」な香り

● 頭の中がスッキリする「ハーブ」の香り
● 気持ちが明るく元気になる「シトラス」の香り
● くつろぎやリラックスを演出する「フローラル」

「この香りならば、必ず売上が上がる」と確立されたものはありません。

あなたのお店にあった香りを探すプロセスが必要になるでしょう。

スタッフの皆さんで意見を出し合いながら、あなたのお店に最適な香りを見つけてくださいね。

✕ 香りは特に必要ない
○ 香りは売上に貢献する力がある

48

女性顧客の心理「ハッスルフリー」

最近、「女性の活躍」が注目を浴びていますが、販売の世界でも同じく、今まで以上に女性のお客さまをターゲットにする流れが活発になってきました。

例えば、私がお手伝いさせて頂いている自動車販売の業界でも、その動きは顕著です。今までは、男性客やファミリー層が購入の中心でしたが、単身女性が1人で購入することが増え、あるお店では次のような女性向けの販売施策を打つようになりました。

● 女性店長や女性スタッフの採用
● エントランスのカフェテラス化
● ウェルカムスイーツでおもてなし

このお店では女性スタッフのチームを組み、意見をお店に取り入れています。男性スタッフの意見だけで女性顧客への対策を練るのは、難しいものです。

そもそも男女では、「脳の構造」が違うため、考え方や価値観も異なっているわけで、その違いを埋めるのはなかなか困難なのです。

では、女性のお客さまは買い物をする上で、何を大事にしているのでしょう？

男性の場合、「いかに効率良く良いものを買うか」を大事に考えますが、多くの女性が求めるのは、「買い物環境」です。

女性の場合、商品を買うという明確な目的がある場合もありますが、同時に、「ショッピング自体を楽しみたい」、買い物を通じて「友人や家族との交流を楽しみたい」、といった気持ちが強くあります。極端に言えば、目的のものが手に入らなくても、スタッフの方とお喋りしたり、褒められたり、楽しくお買いものができれば満足できるのです。

楽しめる買い物環境づくりというと、接客やBGM、店舗の内装などのすべてが入ります。そのすべての基礎になるのが、「ハッスルフリー」です。ハッスルフリーとは、「イライラしない」状態です。

店やトイレが汚い、店員の態度が悪い、通路が狭い、売り場がわかりにくいなど、イライラポイントがあると、女性はそれだけで「ムムッ！」と敏感に反応し、「なんか嫌だなぁ。

このお店で買うのはやーめたっ！」と、店から立ち去ってしまいます。

特に、男性が多い自動車業界や不動産業界など、男社会型の店舗は「清潔感」に要注意です。男女合同で行う研修で、よく男性の方がおっしゃるのが、「えっ？ そんなことまで気にするの!?」という言葉です。

トイレに落ちている小さなトイレットペーパーの切れ端、商品にうっすらと積もってしまったホコリ、スタッフのユニフォームのシワや汚れなど。

男性が気づきにくい些細な部分もこと細かに、女性のお客さまは見ているもの。

しかし、突然「すべてを美しく」といっても、何から手をつければ良いか悩みますよね。

そこで、お店改革として、最初に取り組んで頂きたいのが「トイレ」です。

例えば、コンビニの場合、トイレ掃除の頻度を上げ、チェックポイントを増やしただけで売上が7％上がった事例があります。

美しいトイレかどうかの基準は、女性がそのトイレで「口をゆすげるかどうか」です。

女性向けにトイレを美しくしているお店では、必ずマウスウォッシュがおいてあります。

しかし、マウスウォッシュがおいてあっても、汚いトイレでは絶対に使いたくありません。

あなたのお店に女性スタッフがいれば、その女性が、「ここなら口をゆすげる」と思えるレベルまで高めましょう。

どうしても内装自体が古い、汚い場合は、リフォームでは費用が大きいですが、壁紙を変えるだけでも印象はガラリと変わります。

ハッスルフリーはトイレから。

女性のお客さまはまず清潔感を何より大切に思うことを知っておいてくださいね。

×
トイレは汚れていなければいい
○
トイレはマウスウォッシュが使えるほど美しく

49

男性顧客の心理「所有欲」

突然ですが、1つ質問です。

あなたは、ショッピングが好きなのは、男性・女性のどちらだと思いますか?

研修で同じ質問をすると、多くの方から返ってくる答えは「女性の方が好き」です。

百貨店や、ショッピングセンターを見ていると、女性ものを扱っているお店は、男性ものを扱う店の2倍〜3倍はありますので、女性の方がショッピング好きというイメージがありますよね。

確かに買い物が好きなのは女性なのですが、ひとたびお財布の紐がゆるめば、実は男性のお客さまの方がガツンとお金を使うのです。

女性の買い物というと、コスメ商品や洋服が思い浮かびますが、その内面には「きれいに見せたい」といった社交的な心理があります。

一方、男性に強く見られるのが、「所有欲」です。

私たち人間の原始時代、群れの中では、群れを外的から守れる強い者がリーダーになり、縄張り、食事、異性を「所有」することができました（当時は、異性も「所有」する感覚に近いと思われるので、この表現をさせて頂きます）。

強いものだけが「所有」できる。そんな、強い者に俺もなりたい、と無意識のうちに憧れを感じているのが男性の特徴です。

「この縄張りは俺のものだ！」「この餌は俺のものだ！」と言いたい傾向が強いのです。王様が金銀財宝を集めて、喜ぶ心理は多くの男性の奥深くに潜んでいるわけです。

現代はモノが余っている時代ですから、ただ何でも欲しいわけではなく、自分が好きで興味関心が強い分野に高いお金を使います。

例えば、「オーディオ機器に何十万もかける人」、「アイドルグループにはまってCDを買いまくる人」、「携帯ゲームにはまってキャラを買い集める人」。

こうした傾向は男性の方が強いと思いませんか？

では、この男性の特徴をどう販売に活かすのか？

一言でいうと、「興味・関心を探して、高額でも心をくすぐるものをオススメする」ことです。

私の夫が、予算1万円のスニーカーを1足だけ買うつもりが、2万円のスニーカーを2足も（なんと予算の4倍！）購入してしまったことがあります。

決め手は、その靴がパリコレや、ミラノコレクションでも採用されたことがあり、知る人ぞ知るオシャレアイテムであるという話を店長さんに聞いたからでした。

靴を買った帰りに、夫はこんなことを言っていました。

「安い靴で履き倒そうと思って探していたけど、この靴良いなぁ。俺、オシャレに見えるわ。……でも、また1万円以内で履き倒すための別の靴買わないといけないなぁ」

「またもう1足買うってこと!?」と言いたい気持ちはおいておいて、夫は普通のスニーカーが欲しいと言いながらも、心の底に「カッコイイ俺でありたい」という思いがあり、「そんなオシャレアイテムを身につける俺、カッコイイ。これを買わなくては！」となったわけですね。

夫は試着をしているとき、「この靴だったらオシャレに見えるかな？」とよく話していたので、この店員さんは夫が「オシャレに見えるか」ということに興味が強い人だと考えたのでしょう。

男性は、興味が強い分野では「予算よりかなり高額でも買ってくださる」ことがわかっています。

予算にとらわれず、お客さまの心に刺さるベストなオススメをしてください。

もちろん、それでも予算一番とおっしゃるお客さまもいらっしゃいます。

その場合は、予算にあわせてあげてくださいね。

✕ 男性のお客さまは予算にあわせてオススメする

○ 高価でも心に刺さるベストなオススメをする

50

つい買ってしまう音楽「スローミュージック」

あなたのお店ではどのように音楽を選んでいますか？

何となくお店のイメージで選んだり、自分が好きな曲を選んだり、ＵＳＥＮで選んだジャンルの曲をかけ流ししている、というお店も多いかもしれません。

中には、音楽はかけていない、という場合もあるかもしれないですね。

実は、最新の行動心理学では、音楽の選び方1つで売上が上がったり下がったりすることがわかっています。

私が音楽の重要性に気づいたのは、安くて良いものが多い大手家具チェーン店に行ったときのことです。

今までもよく利用していたのですが、出張で立ち寄った同じチェーンの九州の店舗では、なぜかいつも利用している店舗の商品よりも、高級に見えたのです。

なぜ、同じ店で似た商品を見たのに、いつもと違う感覚を感じたのかな？と思ったので、もう一度出張から戻ったあとに都内の店舗に寄ってみました。

そこで気づいたのが、かけている音楽の違いでした。

そのお店ではスローテンポなクラシックが流れていたのです。

そこで、音楽による商品価値の伝わり方の違いを調べてみたところ、音楽の選び方1つで、売上が上がったという研究事例がたくさん見つかりました。

例えば、**スローテンポの音楽をかけている百貨店は、アップテンポの曲をかけている百貨店よりも売上が1日38％多かったと言われています**。

ワイン売り場では、いわゆるヒット曲や流行曲をかけるよりも、クラシック音楽をかけると購入単価が上昇した、といった具合です。

なぜ、こんなに大きな差が生まれるのかというと、曲のテンポによって、お客さまの歩行速度が変化する、というのが大きな原因です。

アップテンポの曲の場合は早くなりますし、スローテンポの場合は遅くなります。

店内を早く歩くお客さまと、ゆっくり歩くお客さま。どちらが多くの商品をご覧頂けるかというと、ゆっくり歩くお客さまです。

私たち販売員が話かけやすいのも、ゆっくり商品をご覧になられているお客さまですね。

スローテンポのクラシック曲を取り入れるようになられた、ある宝飾販売の女性はこのようにお話しされていました。

「結婚指輪を選ぶ場合、長時間お話しすることも多いのですが、遅めのクラシック曲に変えてから、お客さまが『あっという間に時間が過ぎた』と、言ってくださることが多くなりました」

テンポが遅いと、気持ち的にもゆっくりします。

そのため、「これも見よう。あれも見てみよう」と、お店の滞在時間も長くなり、ゆっくり商品を選ぶことができます。

反対に、アップテンポの場合は、心がいそいそとしはじめます。

そうすると、「早く見て次の店も見に行かないと」なんて気持ちになりはじめるわけです。

スローテンポのクラシックで代表的な曲のイメージは、パッヘルベルの「カノン」やバッハの「G線上のアリア」です。楽しみながらあなたのお店にあうBGMを探してみてくださいね。

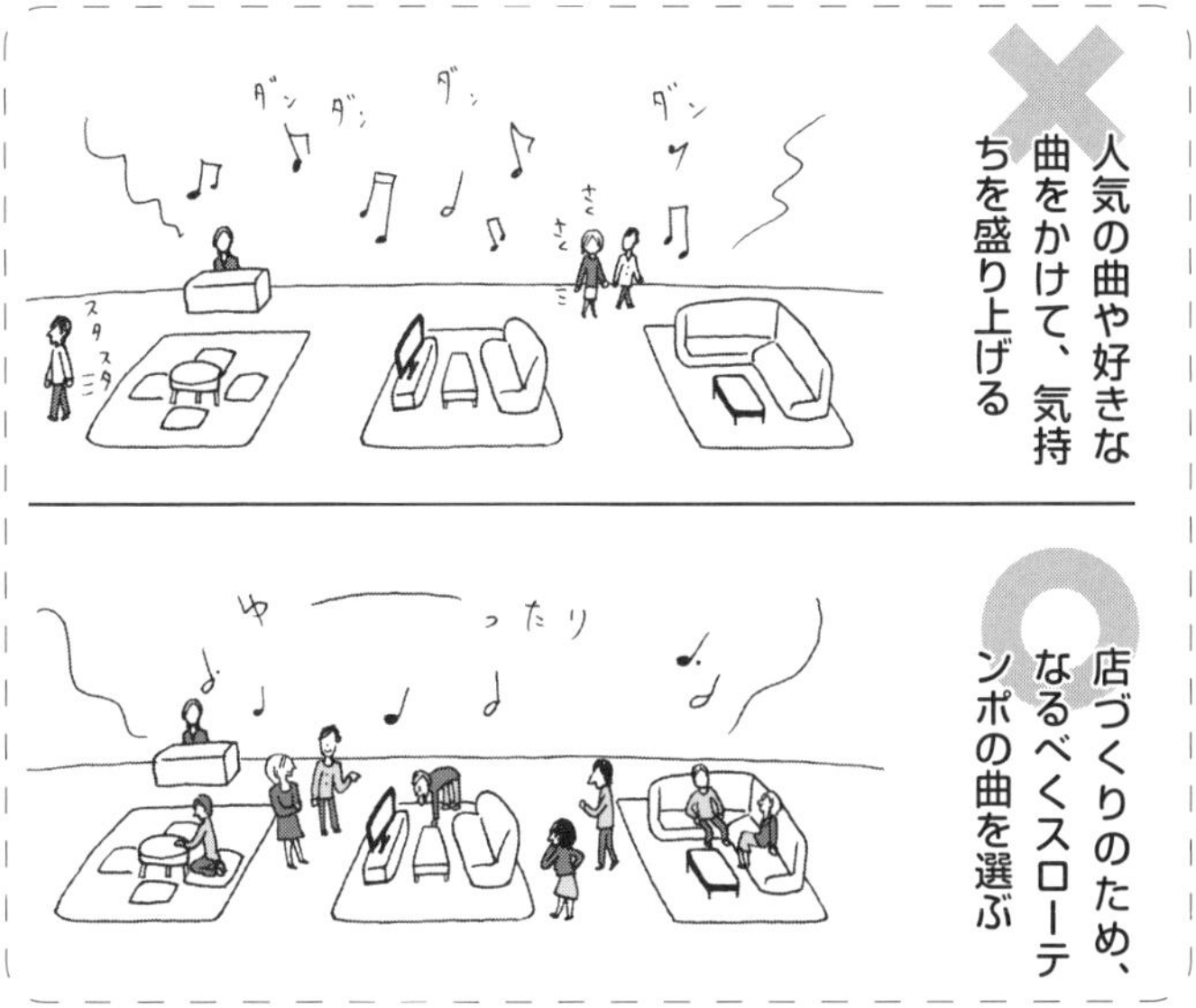

おわりに

お客さまとの出会いの中で感じた数々の喜び、涙を流すような感動、そして苦しみながらも得た成長は、今でも私の人生を支えてくれています。

さっきまで他人同士だった人と人が、1つの「商品」という共通の話題を通して深く関わり、お互いの人生に触れる。難しいけれどこんなに素晴らしい成長の場は、販売の他にないのではないかと私は思います。

現在、私は年間150日ほどの研修・教育の場で、1000人以上の販売員の方、受講者の方に出会います。その中で、1週間後に内容を覚えている方は約半数、半年後にお会いして、実践している方はほんのひと握りです。

だからこそ最後まで読んでくださったあなたにお伝えしたいのは、「1つでもいいので、いますぐ使ってみてほしい」ということです。

私のオススメは、いくつも同時並行で行おうとするのではなく、たった1つを「当たり前」になるまで繰り返すこと。はじめは違和感をおぼえるかもしれませんが、続ければ必ず、お客さまの反応の変化を感じてもらえるはずです。

そして感じた効果や本書の感想などは、私のメールアドレス（info@compass-corp.com）宛にぜひぜひお寄せください。お返事は遅くなるかもしれませんが、私自身が1通1通、じっくり大切に読ませて頂きます。

最後に、この本の執筆にあたり、本当に多くの皆さまに支えて頂きました。長時間のインタビューにご協力くださったトップ販売員の皆さま、特に、東佳那さん、木村真一郎さん、大沼法江さん、そして、本書の企画という素晴らしいご縁をくださった明日香出版社の久松圭祐さん、締め切りギリギリまでお付き合いくださった大久保遥さん、いつも私を支えてくれる有村ファンの皆さま♡（笑）、そして執筆中たくさんの協力（我慢？）をしてくれた2歳の息子、夫で仕事仲間の英明さん、影で支えてくれた母、生き方を教えてくれた天国にいる父。この場を通して一生分の「ありがとう」を伝えたいです！　皆が大好きです！

そして、自分をさらに高めようと、本書を手にとってくださったあなた。本当にありがとう！　あなたの頑張りは必ず、今後のあなたを最高に輝かせてくれるはずです。

これからも一緒に頑張っていきましょう、心から応援しています！

有村友見

【販売心理検定 資格講座】

2017年冬期よりスタート！
接客販売に携わるすべての人のための、販売心理学を体系的に学ぶ資格・検定講座。もっと販売力をつけたい、もっと深く販売心理学を学びたい、部下やスタッフを教えるために心理学を使いたい。そんな皆さまのための講座です。

最新情報を知りたい方には詳細をメールで配信します！
t353230@1lejend.com
上記アドレスに空メールを（「iPhoneから送信」など件名、署名等、何も文字が入らないように）お送りください。
本書よりご登録頂いた方、限定の特典をご用意します！

QRコードでアドレス入力省略！

【その他 個人の方向け講座】
・単発研修、グループコンサルティング、個人コンサルティング
【企業様向けサービス】
★人気コンサルティング内容
・接客販売力 社内資格検定構築・コンサルティング
・クレームの本質的原因、対策分析・コンサルティング
・店舗力調査・対策・研修構築（他、営業、コミュニケーション、女性活躍研修等）
★人気研修・講演
・瞬時に相手の本音を読み取る「非言語コミュニケーション12のシグナル」
・お客様の購入心理を理解する「心理障害を取り除く3つの法則」
・スタッフの個性を引き出す！ お客様に刺さる！
「性格・パーソナリティ別プレゼンテーションの法則」

【お問い合せ先】
検定、研修、コンサルティング、取材などのお問い合わせは、お気軽にこちらまで！
営業心理科学研究所（株式会社コンパス）
HP http://www.compass-corp.com/
Mail hanbai_shinri@compass-corp.com

■著者略歴

有村　友見（ありむら・ともみ）

最短で心をつかむ、販売・営業心理学の専門家
・営業心理科学研究所 所長
・株式会社コンパス 代表取締役

販売員250名中NO.1セールスの経験や、TVCM企画で培った「15秒で心を掴む心理術」に「行動心理分析」のノウハウを交え、実践型の対面販売スキル研修を提供している。

大手衣料メーカー、機械メーカーで営業、人事、広報、店舗マネージャーを10年間経験したのち、行動心理学を用いた、人の印象コントロール法を伝える「印象コンサルタント」として独立。自らの印象コントロールを徹底的に行ったところ、仕事が激増する。

永田町のパネルディスカッションの司会（総務大臣、自民党政調会長、鳥取・島根・神奈川県知事の5人がパネラー、聴衆500人）を、初対面の相手から、出会ったその日に依頼されるなど、一瞬で信頼を得て、相手の行動に繋げる手法を自ら実践している。

現在は、このノウハウを活用し、お客様と販売員の関係を超えた出会いをつくり、全ての接客・販売に関わる方の人生を輝くものにするため日々活動している。一部上場企業など、複数社をクライアントに持ち、過去の講座受講者数は12,000人を超える。「売上が3倍に跳ね上がった！」「研修なのに面白い」「やる気が湧いてくる」と、売上アップだけでなく、受講者の心のスイッチを押す研修に人気がある。有名芸能人・著名人の行動心理分析・表情分析によるTV出演多数。

著書『初対面はテクニックが9割』（遊タイム出版）

本書の内容に関するお問い合わせは弊社HPからお願いいたします。

〈完全版《かんぜんばん》〉トップ販売員《はんばいいん》が使《つか》っている　売《う》れる販売心理術《はんばいしんりじゅつ》

2017年　2月　25日　初版発行
2020年　9月　16日　第10刷発行

著　者　有《あり》村《むら》友《とも》見《み》
発行者　石野栄一

明日香出版社
〒112-0005 東京都文京区水道2-11-5
電話（03）5395-7650（代表）
（03）5395-7654（FAX）
郵便振替 00150-6-183481
https://www.asuka-g.co.jp

■スタッフ■　BP事業部　久松圭祐／藤田知子／藤本さやか／田中裕也／朝倉優梨奈／竹中初音
BS事業部　渡辺久夫／奥本達哉／横尾一樹／関山美保子

印刷　株式会社文昇堂
製本　根本製本株式会社
ISBN 978-4-7569-1883-3 C0034

〈完全版〉トップ営業マンが使っている
買わせる営業心理術

菊原 智明　著

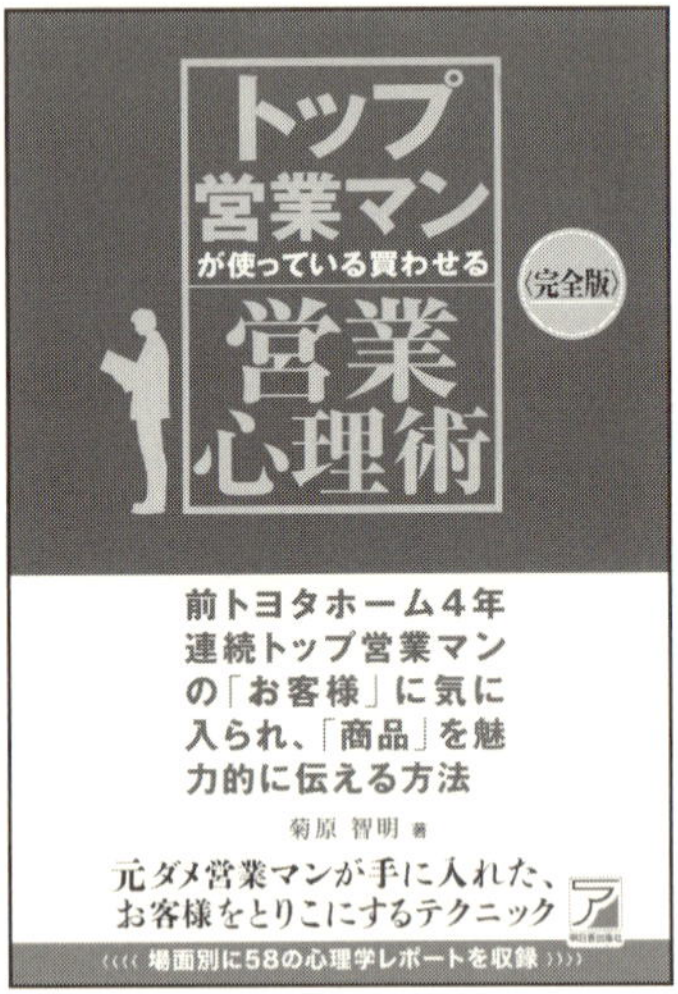

ISBN978-4-7569-1820-8
B6 並製　272 頁　定価 1600 円＋税

４年連続でトヨタホームのトップ営業に輝いた著者が教える、全 58 項目の営業心理術。どんな状況でも成績のいい営業マンは、人の心を読み、お客さまそれぞれにあった提案ができます。難しく感じる心理学を簡単に説明し、実際の場面でどのように使えばいいのかを事例をまじえて解説します。